Bienfait Kwibe Kasse

L'au-delà chez les Bavira et l'eschatologie chrétienne

Bienfait Kwibe Kasse

L'au-delà chez les Bavira et l'eschatologie chrétienne

Essai de confrontation

Éditions Croix du Salut

Cover image: www.ingimage.com

Publisher:
Éditions Croix du Salut
is a trademark of
Dodo Books Indian Ocean Ltd., member of the OmniScriptum S.R.L Publishing group
str. A.Russo 15, of. 61, Chisinau-2068, Republic of Moldova Europe
Printed at: see last page
ISBN: 978-620-3-84311-8

KASSE KWIBE BIENFAIT

L'AU-DELÀ CHEZ LES BAVIRA ET L'ESCHATOLOGIE CHRÉTIENNE

Essai de confrontation

INTRODUCTION

La destinée de l'homme est un problème qui préoccupe plus d'un, car il s'agit d'un souci quotidien. À l'occasion d'un deuil, on rencontre des gens qui sont en quête de réponses précises sur la question de la situation de celui qui vient de le quitter : comment préparer sa survie? Va-t-il voyager en paix là où il va? Sera-t-il content là où il va? Ne va-t-il pas se venger contre les vivants ? Bref, la préoccupation des vivants est de chercher à se séparer à l'amiable avec le défunt. Cela se voit par différents rites qui s'accomplissent dès le jour du décès. En accompagnant le défunt par des rites funéraires, les Bavira montrent que la vie continue après la mort, et le défunt continue de faire partie de leur communauté. Et au retour, ils espèrent bénéficier la protection du défunt contre tout ce qui pourra mettre leur vie en danger. Car la préoccupation principale des Bavira dans leur existence, est de se procurer le bonheur. Pour eux, posséder le bonheur, c'est posséder les biens matériels, les biens de la personne et les biens de la progéniture. Toutefois, ce bonheur est contrecarré par le mal qui provoque la mort. En face du mal, les Bavira n'adoptent pas une attitude de résignation, bien au contraire, ils recourent aux moyens appropriés, légués par leurs ancêtres pour conjurer les différents malheurs qui pourront les frapper. Ainsi, ils recourent aux guérisseurs, aux devins, à l'usage des amulettes, aux pratiques des cultes des ancêtres, etc. Bien que la mort soit implacable et inéluctable, les Bavira savent qu'elle ne vient pas arrêter la vie, mais celle-ci continue dans le monde de l'au-delà. Nous pouvons cependant nous demander : s'agit-il de quelle sorte de vie qui continue dans l'au-delà? Comment se garde-t-elle dans l'au-delà? Ce travail va donc répondre à ces questions.

Comme on le sait, la majorité des Bavira croient aujourd'hui aux différentes religions révélées monothéistes, particulièrement le christianisme et l'islam. À travers cette étude, j'aimerais amener les Bavira actuels à connaître leur tradition ancestrale au sujet de la vie après la mort qui leur permettra de mener, de leur part, un dialogue avec les différentes doctrines des religions révélées. Pour atteindre cet objectif, j'essaierai d'éclairer ces deux questions : quelle relation les Bavira entretiennent-ils avec l'au-delà? Est-ce que cette croyance est conforme à l'eschatologie chrétienne? Cette étude serait donc à comprendre dans l'effort de l'inculturation d'une foi chrétienne cherchant son intelligence (*fides quaerens intellectum*) à travers les valeurs culturelles des Bavira et une culture cherchant à se renouveler aux contacts de l'Évangile.

J'ai intitulé cette étude « L'au-delà chez les Bavira et l'eschatologie chrétienne ». Par « l'au-delà chez les Bavira », je montrerai ce que disent les Bavira sur la destinée de l'homme après sa mort : Où va-t-il? Que devient-il? Par « eschatologie chrétienne », je présenterai l'enseignement chrétien sur les fins dernières de l'homme et de l'univers. De ce fait, j'essaierai de montrer la pertinence de l'au-delà chez les Bavira par-devers l'eschatologie chrétienne, afin d'aider les Bavira à mieux professer leur foi chrétienne sans se renier eux-mêmes. Ainsi, cette étude s'inscrit dans le désir des Bavira qui consiste à vulgariser leur tradition, afin de permettre aux jeunes générations d'avoir des ressources culturelles pour leur vie.

Cette étude sera constituée de trois points : le premier point qui expliquera la conception de l'au-delà chez les Bavira, sera subdivisé en deux sous-points à savoir : la notion de la mort dans le vécu du Muvira, et la relation entre le monde d'ici-bas et le monde de l'au-delà. Le deuxième point parlera de l'eschatologie chrétienne où j'examinerai, en premier lieu, l'eschatologie dans l'Ancien Testament et le Nouveau Testament, et en second lieu, j'analyserai différentes conceptions de l'eschatologie chrétienne. Le troisième point comparera l'au-delà chez les Bavira par-devers l'eschatologie chrétienne en faisant. Dans ce point, je montrerai l'ultime finalité dans la vie traditionnelle des Bavira, et je ferai ressortir les points de convergences et de divergences de deux conceptions.

Les Bavira dont je me propose d'étudier « l'âme » à travers leur vie religieuse, se situent à l'Est de la République Démocratique du Congo, précisément dans la province du Sud-Kivu, territoire d'Uvira. Tous les historiens qui ont écrit sur les migrations des peuples bantous au Congo étayent que les Bavira sont les premiers occupants de l'habitat qui leur reconnu aujourd'hui. Pour A. Moëller : « Le pays était inhabité. [Les Bavira] l'occupèrent petit à petit depuis la haute Sange jusqu'à la rivière Shanza, dans l'Ubembe[1]. » Le géographe G. Weis qui a écrit en 1959 le livre intitulé *Le pays d'Uvira*—que les Bavira considèrent aujourd'hui comme leur bible[2]—affirme que « les Vira seraient arrivés les premiers au XVIIe siècle [dans leur habitat actuel]. Après avoir fait un détour par le Maniema, ils auraient traversé l'Itombwe et se seraient répandus sur une surface correspondant à peu près à l'ensemble du territoire actuel d'Uvira, couvrant le versant du lac de Makobola à Ngweshe, au sud de Bukavu, sur une distance de quelques 150 km.[3] » Culturellement, les Bavira font partie des peuples Bajoba[4]. Parlant des affinités linguistiques de certains peuples notamment les Bavira, Biebuck écrit: « According to Meeussen, the Lega complex includes the following languages: Lega itself, northern Binja, Bembe, and Boyo. It may also comprise languages spoken by some northwestern (Mitoko, Lengola, Genya) and southeastern (Holoholo) neighbors, whereas Zyoba (spoken by Vira and Sanze) has only some affinities with lega[5]. » Et B. Verhaegen renchérit en disant que les Bavira forment avec les Masanze de Baraka et les Babuyu plus à l'ouest, la pointe extrême des Balubaïsés du Nord-Katanga[6].

---

[1] Moëller A., *Les grandes lignes des migrations des Bantous de la province orientale du Congo Belge*, Bruxelles, A.C.R.B., 1936, P.137.

[2] J'appelle, par analogie et dans son sens étymologique, le livre de G. Weis, *Le Pays d'Uvira*, la « bible » des Bavira (en grec : *ta biblia*=les livres), parce qu'il est le livre de référence face à leurs détracteurs et aux révisionnistes de leur histoire.

[3] Weis G., *Le pays d'Uvira. Études géographiques régionales sur la bordure occidentale du lac Tanganika*, Bruxelles, J. Duculot, 1959, p.142.

[4] Il faut noter que les Bajoba ou les Bazoba, selon les auteurs, ne sont pas une tribu. Celle-ci ne figure pas sur la liste des ethnies et tribus de la RD Congo, telle qu'établie par la Belgique coloniale jusqu'au 30 juin 1960, date de l'indépendance du Congo. Les Bajoba sont un ensemble de groupes humains localisés particulièrement sur le littoral nord-ouest du lac Tanganyika qui comprend les différentes tribus suivantes : les Babwari, Bagoma, Bavira, Bamasanze... Le terme « joba ou zoba » signifie pêcheur.

[5] Biebuck D., *Lega culture, Art, Initiation, and Moral Philosophy among a Central African People,* London, Univ. Of California Press, 1973, p.5.

[6] Cf. Verhaegen B., *Rébellions au Congo*, t. I, Bruxelles, C.R.I.S.P., 1966, p.264.

1. LA CONCEPTION DE L'AU-DELÀ CHEZ LES BAVIRA

Le phénomène de la mort suscite la tristesse dans la communauté, mais aussi il mobilise la solidarité de celle-ci autour du défunt pour préparer son voyage dans l'au-delà. Selon la croyance vira, l'au-delà qui s'appelle *kuzimu*, est le lieu où l'homme continue à vivre après sa mort. Celle-ci, dit-il, ne vient pas arrêter la vie, mais l'homme continue de vivre dans l'au-delà. La mort est considérée comme un passage vers l'au-delà. Le Muvira exprime cette conception à travers différents proverbes comme : *gulu lengo, kuzimu ye ndulo* (sur terre, tout passe; l'éternité dans l'au-delà); *ndao mulamila gulu* (sur terre, personne n'est éternelle).

Pour élucider cette réalité, deux aspects retiendront notre attention : la notion de la mort dans le vécu du Muvira et la relation entre le monde d'ici-bas et de l'au-delà.

1.1. La notion de la mort dans le vécu du Muvira

Le Muvira fait l'expérience quotidienne de la mort et il sait que tout homme doit mourir. Il l'exprime souvent dans différentes chansons funèbres[7]. Par exemple :

R/ Nabonabona Je prévoyais qu'un jour
kiziba kingangamila la source pourrait tarir
1.Mawhe nene Oh! Maman
2.Ye kukwe nene Oh! Ma grand-mère
3.Ba kwetu nene Oh! Mes frères et amis

Même si la mort est inéluctable, celle-ci reste cependant un mystère pour le Muvira. Car elle engendre l'angoisse et il continue à s'interroger sur elle. Encore une fois, il l'exprime dans cette chanson téléologique[8] :

1.Kuhwa balya, kuhwa bano Exterminez ceux-ci, exterminez ceux-là
R/ Ye balumbwa twahela Nous les vivants nous périssons
2.Kuhwa balya kuha bano Exterminez ceux-ci, donnez ceux-là
3.Kumba kuha mwana noko Vaut mieux secourir son frère
4.Wangakutela ku libwe Peut-être aura-t-il souci de t'enterrer
5.Kagenge waivunikiza Kagenge est tellement blessée
6.Waivunikiza ku mugenge Elle a piétiné les ronces
7.Yoo yoo Yoo yoo

Vu que la mort est certaine, le Muvira a cherché à connaître son origine.

---

[7] Kalolero Byashoni B. et Buzigwa Rumonge Ch., *Répertoire de chansons traditionnelles vira*, Bukavu, juillet 1988, inédit, p.34.
[8] *Ibid.*

1.1.1. L'origine de la mort

Pour le Muvira, la mort n'existait pas au début. Son entrée dans le monde s'explique par un mythe transmis des générations en générations.

Voici ce récit[9] :

Boto wateta : bandu baleke kukizifwa, babatale ne bulamu bwabo. Mushoshobele wanateta : bandu bakizifwe loshi. Hyaho, boto na mushoshobele baseyuvwana. Banaya kwa Mwene Gulu ne Hasi kuyateta yako kalondo. Boto na mushoshobele banazata kyanya kihamu bagaya kwa Mwami. Munzila banahumana luzi. Mushoshobele wanabwila boto, nziete bushobozi bwe kujabuka luzi. Boto wanamubwila: ngakuheka mugongo, nikujabule tuye twembi tutuke kwa Mwami. Boto wanajabula munage. Bombi banatuka bulambo. Mushoshobele wamagulu malemale wanatibita wanasiga boto wakutolokatoloka. Wanatuka kwa Mwami wanateta nage: ye Mwami e! Nene navwa kubwila bandu bakiziifwe loshi. Boto gegavwila wanateta nage: ye Mwami e! Nene navwa kubwila bandu baleke kukizifwa, babatale ne bulamu bwabo. Mwami na balya balioniho banamubwila: wavwa hazinda! Kyatanga bwami kye kinwa.

Ce récit se traduit ainsi :

Le crapaud dit que les hommes vivent éternellement. Le lézard s'y oppose et dit que les hommes meurent pour de bon. À ce propos, le crapaud et le lézard ne se sont pas mis d'accord. Alors, ils proposent d'aller voir le Maître du ciel et de la terre pour trancher cette affaire. Tous les deux parcourent une longue distance pour atteindre le palais. À mi-chemin, la traversée d'une grande rivière leur fait problème. Le lézard dit au crapaud : je n'ai pas le moyen d'atteindre l'autre rive. Le crapaud lui dit : je vais te porter sur le dos pour que nous arrivions ensemble devant le Roi. Le crapaud le prend sur son dos et traversent ensemble la rivière jusqu'à l'autre rive. Le lézard souple qu'il est, laisse son rival, le crapaud, qui sautille à pas lents, arrive le premier chez le Roi et lui dit : Ô Roi ! Je suis venu vous livrer mon message : que les hommes meurent définitivement. Le crapaud qui arrive bien longtemps après, dit à son tour au Roi : Ô Roi ! Je suis venu vous livrer mon message : que les hommes vivent éternellement. Le Roi et son entourage lui disent : Tu es venu en retard ! Seule la parole dite en premier au Roi est prise en considération.

Ce mythe vira sur l'origine de la mort appartient au genre mythique que certains auteurs appellent : « un message manqué »[10]. Selon ce genre mythique, la divinité décide d'envoyer aux hommes deux messages, l'un de mortalité, l'autre d'immortalité. C'est le premier parvenu à destination qui décide, une fois pour toute, de la destinée humaine. Dans la plupart des cas, Dieu confie le message d'immortalité à un animal lent, tandis qu'un animal rapide est chargé de porter le message de mortalité. On trouve donc ce genre mythique dans beaucoup de traditions africaines. Le Muvira de son côté, a mis en scène le crapaud et le

---

[9] J'ai repris ce mythe de la tradition vira tel qu'il a été présenté par Maskini Kabebe, *Le Muvira face à la mort. Approche anthro-philosophique*, Travail de Fin de Cycle en philosophie, Grand Séminaire saint Mbaga-Tuzinde/Murhesa, Inédit, 1984-1985, p.11.

[10] Cf. Zahan D., « Essai sur les mythes africains d'origine de la mort », dans *L'Homme*, 4 t. IX (1969), p.41-40.

lézard. Le crapaud : animal lent portant le message d'immortalité et le lézard : animal souple portant le message de mortalité.

Le message de ce récit part du monde des hommes sous forme de requête adressée à Dieu, le Maître du ciel et de la terre. Dans d'autres récits de ce genre, c'est Dieu qui confie le message[11]. Ce qui ressort de ce récit, c'est l'échec de la vie vis-à-vis de la mort. Désormais, « vie et mort sont toutes deux données à l'être humain par le Créateur; elles sont des connotations fondamentales de l'existence et se trouvant si intimement liées que l'une ne peut se concevoir sans l'autre[12]».

1.1.2. Les différentes causes de la mort

Bien que la mort soit inéluctable, le Muvira n'accepte pas une mort sans cause. « Dans l'univers culturel vira, les causes de la mort sont souvent recherchées dans la sorcellerie (*bulozi*), la malédiction (*taaki*), la transgression de tabous et des interdits « *bizila* », le « *buhanya* », les esprits maléfiques (*bisigo*) ou ceux bénéfiques (*bifwa*) et des suppôts (*bifwa bikuluzana*) en colère »[13]. Parcourons ces protagonistes de la mort :

1.1.2.1. Dieu de l'au-delà (Nakuzimu)

Dieu qui s'appelle Leza (Le Tout-Puissant) et Kabeja Mpungu (Le Très-Haut) est aussi désigné par divers attributs selon la réalité qu'on veut exprimer. En rapport avec la mort, les Bavira désignent Dieu par l'attribut « Nakuzimu » (Dieu de l'au-delà). Étant le créateur et le dispensateur de la vie, Dieu (Nakuzimu) est aussi la cause permissive de la mort. En effet, quand un homme rassasié d'âges, autrement dit un vieillard « mukoto » meurt, le Muvira attribue cette mort à Dieu. Lors du décès d'un *mukoto*, différents adages[14] utilisés sont de nature à montrer la finitude humaine : *ndawo mulamila gulu* (sur terre, personne n'est éternelle); *lufu lusikengui* (la mort est inévitable); *gani watungula ngeke?* (Qui a déjà arraché une étoile? pour signifier la finitude humaine); *gulu lengo kuzimu ye ndulo* (sur tout passe, l'éternité dans l'au-delà); *hagwa mugogo hazivyuka gundi* (le rejeton ne pousse que là où meurt un bananier); *halenga singe ne muhungo ho* (le fil suit la trace de l'aiguille), etc. Ce langage proverbial utilisé lors du deuil signifie que l'homme n'est pas éternel sur terre. Il doit un jour quitter ce monde puisque Dieu l'a voulu ainsi.

1.1.2.2. Les esprits (mizimu)

Le Muvira croit que les esprits sont pathogènes et causent la mort. Toutefois, il distingue les esprits réputés bons et les esprits réputés méchants et/ou mauvais. Les esprits réputés

---

[11] Cf. *Ibid.*, p.41.

[12] *Ibid.*

[13] Sumaili Dunia V.-E., « La mort et le deuil chez les Bavira. À la croisée des discours, de la symbolique et de la sémiotique », dans Augustin Ramazani Bishwende et Di-Kuruba Dieudonné Muhinduka (dir.) *Les Bavira du Sud-Kivu (RDC). Histoire, culture et renaissance d'un peuple bantou*, Paris, L'Harmattan, 2018, p.135.

[14] Cf. Bukendja Kahindo R. et Kalolero Byashoni B., *Mikete ye kivira I (Proverbes vira I)*, mise à jour par Kajuguna M. et Kungwa R., Bukavu, inédit, 2018.

bons sont des esprits auxquels on adresse des cultes. Ces esprits ont cependant un caractère ambivalent : ils sont bienveillants et protecteurs des vivants quand on leur offre des cultes; mais s'ils sont offensés ou oubliés, ils causent la mort. Ainsi, il faut pratiquer leur culte pour les apaiser, les motiver, réanimer leur bienveillance, solliciter leur protection et leur assistance. Ces genres d'esprits se retrouvent dans la catégorie des esprits supérieurs « bifwa » et mânes des ancêtres « mizimu ». À côté des esprits réputés bons, il y a des esprits maléfiques. On les appelle « biswasi ». Ceux-ci, du fait de leur condition terrestre, ont eu une mauvaise mort. C'est-à-dire qu'ils n'ont pas reçu de rites funéraires en bonne et due forme selon la coutume qui les accompagnent dans le monde de l'au-delà (j'en parlerai dans le point sur les rites funéraires). Devenus esprits, ils vont habiter dans le village de mauvais esprits « kalunga ke basonu ». Ils ne sont plus en relation avec les vivants par le culte et ils sont portés au mécontentement. Ils se vengent sur les humains en causant leur mort. Leur pouvoir maléfique est souvent anéanti par l'exorcisme.

1.1.2.3. Le Muvira lui-même

Le Muvira en tant que personne humaine, est lui aussi, la cause de la mort. Il peut causer la mort par différentes manières : par la violence ou le sortilège. Quand il utilise les sortilèges pour nuire ou causer la mort de l'autre, on l'appelle *mulozi* (sorcier). (*Mulozi* vient du verbe *kuloga* qui signifie jeter un mauvais sort). Le *mulozi,* c'est une personne habitée par une mauvaise volonté qui le pousse à nuire ou à tuer l'autre. La majorité des décès chez les Bavira dont les causes sont mystérieuses, sont attribués aux *balozi* (pluriel de *mulozi*). Ces derniers agissent toujours en catimini et utilisent plusieurs astuces pour tuer. Mais s'ils sont dénichés, ils subissent la mort souvent par la vindicte populaire.

Selon certaines croyances des Bavira, la mort peut aussi provenir d'un malheur que portent certains enfants à leur naissance. C'est au moment de la dentition que ce malheur apparaisse. Alors que les dents d'un enfant commencent à pousser sur la mâchoire inférieure, chez l'enfant porteur de malheur, elles poussent sur la mâchoire supérieure. Ce phénomène anormal s'appelle *bugingi.* La tombée de chacune de ces dents, pense-t-on, apporte la mort dans le village. Toutefois, ce malheur est conjuré au moyen des pratiques d'exorcisme. Ainsi, les parents sont invités à être attentifs à la période de la dentition de leur enfant, afin de conjurer ce *bugingi* au cas où il se présentait.

Pour les Bavira, les aînés (parents, grands-parents et vieillards) détiennent aussi un pouvoir qui apporte la mort. Ce pouvoir s'appelle *mataka* (qui vient du verbe *kutaka* qui signifie maudire). C'est Dieu (Leza) qui a doté les aînés de ce pouvoir. Ce pouvoir n'est pas considéré comme un mal, mais son exercice est fait pour punir toute personne qui ne se conforme pas à la tradition ancestrale. Car celle-ci est régie par les *bizila* (interdits et tabous). Comme le stipule Kalimadji qui a étudié les *bizila* chez les Bavira : « Nous avons appris des anciens Bavira que les *bizila* désignent l'ensemble de ces règles, us et coutumes qui imposent aux Bavira de s'abstenir d'un acte pour des raisons sociales, morales et religieuses en vue du bien-être individuel et communautaire[15].» Ces *bizila* sont non seulement punis par les aînés, mais aussi ils obligent en conscience, car leur transgression entraîne automatiquement une sanction correspondante et peut causer la mort. Ainsi le dit cet adage vira : *Nyungu isishaga ku kahya yesibeleka* (le pot qui se casse, c'est celui-là qui ne quitte pas le feu).

Ces différentes causes de la mort nous amènent à examiner les différents rites funéraires et les techniques de purification faites au moment de la mort véritable[16].

1.1.3. Les rites funéraires (*maziko*)

Une fois la mort survenue, les membres de la famille accompagnent le défunt par certains rites. La célébration de rites funéraires consiste à organiser l'heureux voyage du défunt dans l'au-delà, et de permettre aux vivants de se purifier des impuretés que porte la mort. En effet, le défunt effectue un bon voyage dans l'au-delà quand il est accompagné par des funérailles selon la tradition. Celles-ci donnent la territorialité dans le monde de l'au-delà[17]. Ces funérailles varient selon le genre de décès, le rang social, la valeur morale du défunt, de l'homme, de la femme et de l'enfant[18].

Le Muvira distingue une bonne mort et une mauvaise mort. Cette distinction se retrouve dans beaucoup de traditions africaines. Selon L.V. Thomas et R. Luneau :

> La bonne mort est celle qui s'accomplit selon les normes prévues par la tradition : condition de lieu (mourir dans le village); de temps (mourir quand on est gorgé d'année); de manière (mourir sans souffrance, sans rancœur ni rancune). La mauvaise mort, essentiellement anomique, dispensatrice d'impureté et de désordre, révélatrice du courroux des dieux : mourir au loin et risquer d'être ainsi privé de funérailles; mourir sans laisser d'enfants, pour accomplir les rites; mourir en couches, etc.[19]

Ici, je vais présenter les rites funéraires qui accordent la territorialité dans le monde de l'au-delà. Il s'agit du rituel du Muvira ordinaire représenté par un père de la famille qui est mort selon la tradition et celui du Kolo (le roi des Bavira) qui jouit d'une nature mixte, à la fois humaine et spirituelle [20].

---

[15] Cf. Kalimadji Kamile R., « La conscience morale à travers les interdits et les tabous ou les bizila chez les Bavira », dans Augustin Ramazani Bishwende et Di-Kuruba Dieudonné Muhinduka (dir.) *Les Bavira du Sud-Kivu (RDC). Histoire, culture et renaissance d'un peuple bantou*, Paris, L'Harmattan, 2018, p.179-200.

[16] Voir les divers degrés de la mort dans Thomas L.V. & Luneau R., *Les religions d'Afrique Noire*, Paris, Arthème-Fayard, 1969, p.213-214.

[17] Cf. Mulago V., *La Religion Traditionnelle des Bantu et leur vision du monde*, Kinshasa, P.U.Z., 1973, p.138.

[18] Cf. Sumaili Dunia V.-E., « La mort et le deuil chez les Bavira. À la croisée des discours, de la symbolique et de la sémiotique », dans Augustin Ramazani Bishwende et Di-Kuruba Dieudonné Muhinduka (dir.) *Les Bavira du Sud-Kivu (RDC). Histoire, culture et renaissance d'un peuple bantou*, Paris, L'Harmattan, 2018, p.142-172.

[19] Thomas L.V. & Luneau R., *La terre africaine et ses religions*, Paris, Larousse, 1975, p.250.

[20] Concernant d'autres rituels funéraires, je vous renvoie à l'article de Sumaili Dunia V.-E., « La mort et le deuil chez les Bavira. À la croisée des discours, de la symbolique et de la sémiotique », dans Augustin Ramazani Bishwende et Di-Kuruba Dieudonné Muhinduka (dir.) *Les Bavira du Sud-Kivu (RDC). Histoire, culture et renaissance d'un peuple bantou*, Paris, L'Harmattan, 2018, p.168-169. Ceux qui ne reçoivent pas de bonnes

1.1.3.1. Les rites funéraires d'une bonne mort

Les rites funéraires d'une bonne mort sont appliqués principalement à un père de famille. Il s'agit d'un *de cujus* qui jouit de beaucoup d'égards de sa famille. Avant son enterrement, son cadavre « kilunda » est entouré par ses proches qui pleurent cette douloureuse séparation. La famille prend soin d'annoncer son décès à qui de droit[21]. Son cadavre est veillé jusqu'à son enterrement qui se fait le lendemain de sa mort. Avant l'inhumation, le cadavre est lavé, huilé et soigné de mille manières en vue de préparer l'entrée du défunt dans l'au-delà.

Pour préparer l'enterrement, les hommes mariés sont chargés de creuser la tombe « maanda » dans la concession familiale. Cette tâche est réservée aux seuls hommes mariés, parce que les hommes célibataires et les jeunes sont interdits de participer à cette tâche de peur d'être frappés de stérilité ou de l'impuissance corporelle. À l'heure fixée pour l'enterrement, le cadavre est emballé dans une natte « kilago » et transporté par quelques proches parents jusqu'au lieu de l'inhumation. La tombe est entourée par les membres de la famille, du clan et par l'entourage du défunt. Les femmes et les enfants n'y participent pas, sauf la femme éprouvée « namufwiile » qui est accompagnée par quelques femmes pour son soutien en ce moment de dure épreuve. Cette dernière a pour rôle de témoigner de sa fidélité et de sa bonne conduite à l'égard de son époux défunt devant toute l'assemblée. Pour le Muvira, bien que la mort soit inéluctable, comme je l'ai déjà souligné, elle suscite bien des interrogations, surtout quand elle est prématurée. Ainsi quand il y a le décès, le Muvira cherche à connaître qui en sont les coupables. Avant de descendre la dépouille mortelle dans la tombe, l'aîné du clan du défunt prend la parole en s'adressant au défunt en ces termes : *Kizi ooshe wakuita, umuhindukane, umusigi, akuhumane* (Que l'auteur de ta mort meurt après toi, que tu ne le laisses pas, qu'il te rejoigne). Cette interrogation du cadavre a pour rôle « de rétablir l'ordre des forces perturbé et de délivrer ainsi le groupe des conséquences toujours dangereuses de l'impureté » [22]. La formule prononcée par l'aîné du clan est suivie par celle de l'épouse éprouvée « namufwiile » qui jure « kulogola » : *Ibanye, ili neene nakugendela gaambi, nakuita, basisimukii nze kuhumana yuko, ili asi neene, ungile bushoga* (Mon mari, si c'est moi l'auteur de ta mort ou si j'en ai été complice, qu'on ne lève pas le deuil avant que je te rejoigne. Dans le cas contraire, pars en paix et protège-moi). Après ces deux formules, le cadavre est déposé dans la tombe sur son côté gauche, la tête tournée vers l'est et les pieds vers l'ouest. Cette position permet au défunt de bénéficier de la lumière du soleil et de lui faciliter une bonne entrée dans le village des ancêtres. Chaque participant à l'enterrement jette une motte de terre en jurant de n'être pas le responsable de cette mort. Il est en tout cas obligatoire d'exécuter cette pratique pour ne pas être taxé de responsable de

funérailles selon la tradition, ils ne vont pas dans le village des ancêtres, mais ils sont dans l'errance. Ils deviennent de « biswasi » portés à faire du mal aux vivants.

[21] Comme il s'agit du père de famille, le message est adressé particulièrement à ses oncles et aux membres de son clan.

[22] Thomas L.V. & Luneau R., *Les religions d'Afrique Noire*, Paris, Arthème-Fayard, 1969, p.233.

cette mort. Pour dissuader la sorcellerie qui cause la mort, on plante sur la tombe du défunt un arbre appelé *shuvyo*. Le mot *shuvyo* dérive du verbe *kushuvya* qui signifie répliquer, venger. Cette plante sert à venger les coupables d'une mort prématurée qui est survenue dans la famille. Pendant qu'on la plante, on prononce les paroles suivantes : *Shuvyo busi bulozi, wakugila ivino we musigi, ooshe wakugila gambi we musigi. Mufwe naage, uhalangi, twakubika ku shuvyo* (La vengeance n'est pas une sorcellerie. Celui qui t'a tué, quiconque a pris part au complot sur ta mort, ne le laisse pas. Meurs avec lui, mais ne poursuis pas l'innocent). Il semble que, à chaque chute d'une feuille morte du « shuvyo » correspond à la mort des fautifs.

Tous ceux qui ont participé à l'enterrement se lavent les mains et les pieds, puis ils partagent la nourriture et la boisson qui expriment le début de deuil « mifwizi ». Le début officiel du deuil et le jour de sa levée sont annoncés par un membre de la famille. On observe généralement sept jours de deuil. Au cours de cette période, les membres de la famille, du clan et les voisins veillent chez le défunt. Un feu est allumé au milieu de la cour qui reste permanent jour et nuit. Ce feu est sacré « kibuli » et ne peut pas servir à d'autres usages. Par exemple, ce feu ne peut pas servir pour la cuisine. Il sert seulement à réchauffer les veilleurs « miluumba » pendant la nuit. Ce feu est le symbole de la présence de l'âme du défunt qui continue de rester avec les siens avant son départ définitif dans l'au-delà qui aura lieu lors de la levée du deuil. Les veilleurs sont uniquement des hommes. La veuve, d'autres femmes et les enfants non majeures passent la nuit à l'intérieure de la maison. La vie chez tous ceux qui sont directement frappés par cette mort est intentionnellement suspendue : défense de cultiver, d'ensemencer, de chasser, de pêcher; les activités sexuelles sont interdites. Tous les deuilleurs « bagandazi » sont frappés de l'impureté et ils ne prennent pas de bain durant tout le temps de deuil.

Le jour de la levée de deuil « kusibuka » clôt la période de réclusion et explique le départ du défunt dans l'au-delà. Ce jour commence par la purification de tous les deuilleurs. Dès l'aurore, tous les deuilleurs s'empressent à la rivière pour prendre un bain de purification « kuishuka lufu ». Les femmes ramassent tous les linges, la vaisselle et tous les ustensiles de la cuisine qui seront nettoyés à la rivière. Le bain de purification se termine par la coupe des cheveux « mabego » ou par une simple coupe de tonsure « kitapa » de tous les deuilleurs, qui se fait au moyen d'une lame traditionnelle « kihalo ». Cette pratique symbolise qu'il n'y a plus d'impureté chez les deuilleurs. C'est au retour de ce bain rituel que les maisons et la cour mortuaire se trouvent nettoyées. Le feu sacré, autour duquel les deuilleurs veillaient, est éteint, et un nouveau feu venu de chez les voisins est allumé dans la maison. Ce feu ordinaire symbolise le retour à la vie normale. Au retour de la rivière, avant le début des cérémonies, un repas est servi aux membres de la famille « benembuga ». L'organisation de la levée de deuil est l'apanage exclusif de la famille. Celle-ci prépare la nourriture, la boisson et désigne la personne devant prononcer le mot de tradition « musanzaulo ». Lorsque tous les préparatifs sont prêts, les rites pour la clôture de deuil commencent. Ces rites sont constitués par : l'oraison funèbre « musanzaulo », le mot de l'oncle du défunt et l'intervention du délégué du roi « kolo » pour investir l'héritier et annoncer publiquement la levée d'interdits liés au deuil « kibuka »[23]. Après les différentes interventions prévues, le repas de communion « bitaka » est servi pour clore la levée définitive de deuil. Ce repas manifeste la communion avec le défunt, car c'est à travers une nourriture offerte par les membres de sa famille lors du culte que ces derniers resteront en contact avec le défunt devenu ancêtre. La conviction du Muvira est que « non seulement les morts ne disparaissent pas, mais encore ils demeurent liés aux vivants [...][24]. »

1.1.3.2. Les rites funéraires du kolo (roi des Bavira)

Les funérailles du roi des Bavira sont spéciales à cause de la nature magico-religieuse de sa fonction qui porte des privilèges. En effet, le Muvira ne dramatise pas la mort du roi, parce qu'il sait que le roi ne peut pas être ensorcelé. D'ailleurs, le Muvira dit que le *kolo* (roi des Bavira) ne meurt pas, mais il grandit « kolo wakula », c'est-à-dire qu'il se réincarne dans le léopard.

Dans la tradition des Bavira, le cadavre du *kolo* n'est jamais enterré. Lors de son décès, son cadavre est entouré uniquement par les *balunvi*[25] . Ces derniers le transportent au *kyuusho*[26] où ils célébreront ses funérailles[27]. On y construit une case dans laquelle sera étalé son cadavre. Enroulé dans une peau de vache, le cadavre du *kolo* est étalé sur une claie « lutanda », en dessous de laquelle un feu est allumé qui sera entretenu par les « balunvi » jusqu'à la décomposition du cadavre. La matière grasse qui sorte du corps en décomposition par le feu est recueillie dans une petite pirogue appelée *muliimba* où un asticot « muvuuzi » apparaît après quelques jours, et qui se métamorphosera, selon la mythologie vira, en animal totémique vira qui est le léopard « kashama ». L'apparition de cet asticot est le signe que le roi défunt a reçu de bonnes funérailles. Ce signe symbolise la mort réelle du *kolo* et sa réincarnation dans le léopard « kashama » qui est l'animal totem du pouvoir chez les Bavira. C'est cette métamorphose du *kolo* qui explique l'adage : *kolo wakula* (kolo ne meurt pas, il se réincarne). Toutefois, il importe de signaler qu'à la fin de la décomposition du cadavre du roi, son squelette est enterré et son crâne est conservé dans le *kyuusho* parmi ses prédécesseurs.

Le deuil de *kolo* dure plus d'un mois. Pendant cette période, toute la tribu vira est en deuil, et elle est frappée par de nombreux interdits. Ainsi, il est interdit à tous les habitants d'avoir des rapports sexuels de peur de mettre au monde des enfants atteints de

---

[23] Voir la structure de différents mots qui sont prononcés lors de la levée de deuil dans Sumaili Dunia V.-E., « La mort et le deuil chez les Bavira. À la croisée des discours, de la symbolique et de la sémiotique », dans Augustin Ramazani Bishwende et Di-Kuruba Dieudonné Muhinduka (dir.) *Les Bavira du Sud-Kivu (RDC). Histoire, culture et renaissance d'un peuple bantou*, Paris, L'Harmattan, 2018, p. 158-167.

[24] Diarra A., « La notion de personne chez les Zarma », dans *Colloque international sur la notion de personne en Afrique*, Paris, C.N.R.S., 1974, p.371.

[25] Les *balunvi* sont les ritualistes de la cour royale qui exercent avec le *kolo* différentes chargent. Ils sont au nombre de huit : Mufumu, Muhinga, Nabaganda, Muziba, Nakabaka, Nabuholu, Nalukanga et Nakasinga.

[26] Le *kyuusho* est une forêt bien touffue d'arbres se trouvant dans le village de Lugongo. C'est là qu'on dépose le cadavre du *kolo* afin d'exécuter ses funérailles.

[27] Ces funérailles consistent à entretenir « kujoga » le corps du *kolo* sur un feu jusqu'à sa décomposition.

malformation. De travaux d'envergure sont prohibés : la culture, la chasse, la pêche, les constructions, etc. sauf des travaux de subsistance. Les animaux domestiques mâles, particulièrement les coqs « mbazi », les boucs « bihebe » et les taureaux « shuli » qu'on rencontre dans la cour royale sont égorgés et mangés, car disent les Bavira : « Ndawe kolo wangabinga bwa munage » (Aucun roi ne règne sous la richesse de l'autre). Ces animaux, du fait de leur sexe et de leur relation avec les humains, sont considérés symboliquement comme conseillers du roi.

La levée de deuil se passe au *kyuusho*. Tous les hommes y sont conviés. La cérémonie de la levée de deuil commence par les rites de purification et se clôture par un repas de communion. Le tambour appelé *lulanga* est battu à cette occasion pour annoncer la joie de la nouvelle vie. Le mot de la tradition « musanzaulo » est prononcé par le *muluunvi* ritualiste appelé « Nabagaanda ». C'est à ce moment qu'il présente l'héritier qui est le fils de Nakima[28]. À défaut de l'héritier naturel, par exemple si l'enfant de Nakima est une fille, on choisit parmi les autres fils du roi, ou dans le clan royal « benelenghe ». Les Baluunvi sont garants du testament du roi et ils sont dignes de confiance quand ils présentent l'héritier.

La mort, selon la conception des Bavira, s'avère inéluctable, comme je l'ai souligné plus haut. Elle ne vient pas arrêter le flux de la vie, mais elle vient effectuer le passage vers l'au-delà. Ainsi faut-il bien préparer les funérailles qui sont non seulement les rites de purification, mais surtout elles procurent la territorialité dans l'au-delà en permettant de devenir ancêtre.

1.2. Relation entre le monde d'ici-bas et le monde de l'au-delà

En parlant de la mort dans le point précédent, nous avons vu que le Muvira souligne l'inéluctabilité de la mort. Il le dit explicitement dans cet adage : « Gulu lengo, kuzimu ye ndulo » (La vie d'ici-bas est passagère, l'au-delà est notre demeure). Il ajoute que cette mort ne vient pas arrêter le flux de la vie, mais elle vient effectuer simplement un passage vers le monde de l'au-delà. Pourque s'effectue ce passage, les Bavira accompagnent leurs défunts par des rites funéraires lors de l'enterrement qui donnent la territorialité dans le monde de l'au-delà. C'est la preuve que le défunt continuera à vivre dans l'au-delà et qu'il continue d'être membre de sa famille. Autrement dit, il existe une relation entre le monde d'ci-bas et le monde de l'au-delà. Les deux mondes sont unis entre eux. Et comme le dit V. Mulago : «

[28] L'héritier est le fils de Nakima. Celle-ci est la première épouse du *kolo*. Nakima (nom qui vient du verbe *kuima* qui signifie introniser avec. En effet, l'héritier du *kolo* des Bavira est intronisé en présence de Nakima. Cette femme est choisie dans le clan de Bakono. À sa première naissance, elle quitte la cour royale. Étant encore jeune, elle ne peut se remarier qu'en dehors de la tribu vira. L'enfant né s'appellera Bweza s'il est garçon et Nabweza ou Nangoma si elle est une fille. Il est à noter que seul le garçon est choisi comme héritier. Le départ de la cour royale de Nakima s'explique par le fait qu'elle a été investie ensemble avec le roi. Cet acte le place au même pied d'égalité que le roi. Ainsi pour les Bavira, deux rois ne peuvent pas régner sur un même royaume. Son privilège est que son fils est l'héritier naturel de la royauté. Il est loisible de faire la différence entre Nakima et Mugoli (Reine). Cette dernière est la seconde épouse de *kolo* après la première qui est Nakima. Elle est dotée contrairement à Nakima. Mugoli n'est pas touchée par la loi de lévirat, parce qu'elle est aussi associée à la royauté. Cela signifie qu'elle ne peut pas se remarier chez les Bavira après le décès de *kolo*.

Le monde visible est uni au monde invisible, il n'y a pas d'hiatus entre les deux »[29]. Mais alors, comment les Bavira effectuent cette relation entre les deux mondes? Je le montrerai à travers la conception de la cosmogonie chez les Bavira et la pratique du culte des esprits.

1.2.1. La conception cosmogonique vira

Au moment de la mort, le corps humain est enterré, tandis que le souffle, la conscience et le double subsistent. Cela signifie que l'homme est composé de plusieurs éléments en lui : l'élément périssable (le corps) et l'élément impérissable ou spirituel (l'âme). Le corps « mwego » est porteur d'éléments spirituels qui sont : la conscience ou la voix intérieure « lweku lwe mutima », le double « kizunguza » et le souffle « muka ». Toutefois, le souffle et la conscience se confondent. Ils constituent l'élément essentiel de l'homme. En effet, après la mort, le défunt continue à garder la force du savoir et reste pleinement conscient pour juger et apprécier le comportement des vivants[30].

Si la mort a été causée par la sorcellerie (voir le point où j'ai parlé de différentes causes de la mort chez les Bavira), le double « kizungunza » peut-être retenu par les sorciers. Selon la conception, la personne n'est pas encore morte réellement. Et le sorcier peut l'utiliser pour ses divers services, comme la pêche, les travaux champêtres, etc. Ce double « kizungunza » devient un revenant « kitwamba ». Cette personne mourra quand son double sera emporté définitivement.

Bien que nous ayons souligné qu'à la mort il y a décomposition du corps, les Bantu en général et les Bavira en particulier ne manifestent pas cette dichotomie dans leur langage quand il parle du défunt. Pour eux, ce défunt qui vient de partir dans l'au-delà, ils l'appellent : *muzimu*. « Aux yeux des Bantu, dit E. Mujynya, le *muzimu* ne signifie rien d'autre que la personne même du défunt. Ce terme ne désigne pas ce qui reste de l'homme après la mort, mais plutôt ce que devient l'être humain en sortant de ce monde. Le *muzimu* est, en d'autres mots, l'homme à l'état désincarné[31]. »

L'homme, en quittant ce monde d'ici-bas, va rejoindre d'autres êtres spirituels. La cosmogonie vira place Dieu « Leza, Kabeja Mpungu » au-dessus de tout. Les « bifwa » (esprits tribaux) et les « mizimu » (esprits des ancêtres) sont des êtres spirituels intermédiaires entre Dieu et les hommes.

Dieu « Leza » (Le Tout-Puissant) et « Kabeja Mpungu » (Le Transcendant, le Très-Haut) habite le ciel « gulu ». Il est possesseur du ciel et maître de l'univers « mwene gulu ». Le ciel révèle la transcendance de Dieu. Le Muvira reconnaît l'existence de Dieu créateur et maître de toute chose, mais il est très éloigné des hommes. Il n'existe pas de relation directe entre Dieu et les hommes. Ainsi, on ne lui offre pas de culte. Pour expliquer pourquoi on n'offre pas de culte à Dieu, le Muvira dit que Dieu ne se manifeste pas aux hommes pour connaître sa volonté. Comment, dit-il, avoir des relations avec celui qu'on ne connaît pas les désirs?

[29] Mulago V., *Un visage africain du christianisme*, Paris, Présence Africaine, 1962, p.134.
[30] Cf. Thomas L.V., « Le pluralisme cohérent de la notion de personne en Afrique noire traditionnelle », dans XXX, *La notion de personne en Afrique Noire*, Paris, CNRS, 1975, p.402.
[31] Mujynya E., L'homme dans l'univers Bantu, Lubumbashi, P.U.Z., 1972, p.30.

L'absence des noms théophores chez les Bavira s'explique par cette conception éloignée Dieu[32]. Tandis que, ce sont les noms de « bifwa » (esprits tribaux) qui sont donnés aux enfants à cause de leur rôle et de leur proximité dans la vie des gens.

Malgré cette notion transcendante de Dieu, les Bavira reconnaissent cependant l'action providentielle de Dieu dans leur vie. Les différents attributs de Dieu et certaines expressions en font foi : Lulema (Dieu créateur), Mwene gulu (Maître de l'univers), Nakuzimu (Maître de l'au-delà), Mulanzi (Protecteur), Muhangi (Provident), etc. Toutefois, pour bénéficier des largesses de Dieu, les Bavira recourent aux esprits (bifwa et mizimu) qui ont le rôle de manifester la transcendance de Dieu dans l'immanence.

Ces esprits sont donc considérés comme intermédiaires entre Dieu et les hommes, et ils habitent dans l'au-delà (kuzimu). Cet au-delà, selon les Bavira, est constitué par le « kalunga ke bashoga » (village de bons esprits) et le « kalunga ke basonu » (village de mauvais esprits). Grosso modo, on distingue deux catégories des esprits : ceux qui existent comme tels, et ceux qui, autrefois, étaient des hommes. Ces derniers sont constitués des esprits tribaux « bifwa » et des mânes des ancêtres « mizimu ». Ces derniers ne sont pas quantifiables, parce qu'ils sont constitués par les humains qui meurent tous les jours (les membres de la famille et du clan), et qui deviennent des esprits familiaux ou claniques. Toutefois, chaque clan possède son esprit protecteur[33]. Il s'agit des ancêtres fondateurs des clans appelés « Malumba ». Ils sont célébrés selon la nécessité de chaque clan. Les plus connus sont : Rugongo, Shalamba, Kasinga sont les ancêtres du clan royal benelenghe. Ils sont localisés à Rugongo. Kafinda, c'est l'ancêtre du clan Batala. Il est localisé à Kitala. Mukuli, c'est l'ancêtre du clan Baziba. Il est localisé à Kifuta. En revanche, les esprits tribaux « bifwa » sont connus. Ces esprits dépassent le niveau familial, clanique et de lignage. Ils ont un caractère universel, c'est-à-dire que ce sont des esprits de la tribu bavira. Ils sont localisés dans les aires géographiques bien précises. Les Bavira croient qu'ils étaient des hommes et ils ont vécu à un certain moment de l'histoire vira. Ils sont les héros de la tribu vira. Mais les Bavira ne savent pas les situer à quel moment de l'histoire ils ont vécu. Quand on demande aux Bavira leur origine, ils répondent qu'ils les ont seulement reçus de leur tradition. Ces esprits ont des familles, et ils sont proches des humains. Leurs contacts se font par la pratique des cultes que je vais expliquer dans le point suivant. La tradition vira en reconnaît seulement deux, mais qui comptent des familles nombreuses : Mwanza Lulu (ou Mugandja Lugulu) et Lungwe :

Mwanza lulu : le nom de Mwanza vient du verbe *kuganza* qui signifie régner. Mwanza Lulu signifie donc celui qui règne en haut. Le nom de Mwanza Lulu, c'est le nom original

[32] À cause de l'influence des autres tribus, aujourd'hui les Bavira ont commencé à forger des noms théophores qu'on donne aux enfants. Par exemple : Byaleeza (Qui appartient à Dieu), Mwaleza (Enfant de Dieu) ...

[33] Il existe chez les Bavira 51 clans. Cf Libwe Mufumbe E.-M., « La décentralisation, une opportunité pour l'encastrement de la logique de développement local dans l'esprit du peuple "Muvila"? dans Augustin Ramazani Bishwende et Di-Kuruba Dieudonné Muhinduka (dir.) *Les Bavira du Sud-Kivu (RDC). Histoire, culture et renaissance d'un peuple bantou*, Paris, L'Harmattan, 2018, 249-251.

venu de l'empire luba dont sont originaires les Bavira, qui s'est transformé avec le temps en Mugandja Lugulu à la suite de l'influence de la langue kifuliru. Ces deux appellations sont acceptées par cet esprit lors du culte. Ainsi, aujourd'hui, on le désigne différemment par les deux noms : Mwanza Lulu ou Mugandja Lugulu. Il est localisé dans les eaux du lac Tanganyika. Il a une femme qui s'appelle Kyala et plusieurs enfants à savoir : Kangeta, Kifuvwe, Kwibe, Lukundula-Mabenga, Matenga, Mufumbe, Manyema, Mutambala, Mungeta… qui sont des enfants masculins et Nalubira, Namulunda, Namwali, Nasanza, Nawalengwa, … qui sont les enfants féminins.

Lungwe : vient du verbe *kulunga* qui signifie lier. C'est un esprit qui habite les montagnes. Il est localisé dans l'étang à Kitala qui s'appelle « kinyaja kye Lungwe » (l'étang de Lungwe). Il a une épouse qui s'appelle Namugo et un enfant masculin qui s'appelle Kangele.

En plus de l'existence de ces deux grands esprits tribaux, les Bavira pratiquent des cultes d'autres esprits à caractère tribal. Il s'agit de Lyangombe (qui est d'origine Rundi)[34] et de Nabingi (qui est d'origine Nande). Ce dernier est un esprit féminin qui est célébré pour attirer la chance du bien-être matériel. Il a un enfant masculin qui s'appelle Kahindo et un enfant féminin qui s'appelle Namirenge. Les cultes de ces deux grands esprits (Lyangombe et Nyabingi) sont arrivés chez les Bavira à la suite des mariages mixtes. Ce sont donc des femmes épousées par les Bavira— originaires des tribus de ces deux grands esprits (Lyangombe et Nabingi) —qui ont introduit leurs cultes dans la tradition vira. Par exemple, le culte de Nabingi a été introduit dans la culture vira lors du règne du roi vira Mukumika Muluta (1897-1932). Celui-ci fut relégué au Nord-Kivu par le pouvoir colonial belge. Au retour de sa relégation, il emmena comme épouse une femme nande qui pratiquait ce culte. C'est l'origine des noms de Kahindo et de Namilenge qui sont donnés aux enfants Bavira. Toutefois, Les cultes de ces esprits étaient célébrés pour divers besoins humains par leurs confréries initiées et étaient composées uniquement par des femmes.

1.2.2. Le culte des esprits

Le culte des esprits est offert aux mânes des ancêtres (mizimu) et aux esprits tribaux (bifwa), et possèdent le pouvoir d'agir dans la vie des vivants, comme je l'ai déjà souligné dans le point sur les différentes causes de la mort. Pour obtenir leurs faveurs et/ou les apaiser quand ils sont en colère, les Bavira pratiquent leurs cultes. C'est donc par le culte que les vivants sont en relation avec le monde de l'au-delà. À ce sujet, V. Mulago dit : « Le culte des trépassés est dans la vie religieuse [des Bantu] d'une importance capitale. Son monopole dans la vie extérieure est tel qu'il semble si l'on n'y regarde de plus près constituer toute leur religion[35]. » Les Bavira distinguent deux sortes de culte : le culte privé et le culte public.

[34] Les Bavira ont eu connaissance de cet esprit à partir des rundi. Mais cet esprit est aussi connu parmi les tribus de la région des Grands Lacs, telles que les Bafuliru, les Bashi, les Bahavu, Bahunde, les Banyarwanda, …Pour en savoir plus sur Lyangombe : Cf. Collectif, *Lyangombe. Mythe et rites*, Actes du deuxième colloque du CERUKI, Bukavu, 10-14 mai 1976.

[35] Mulago V., *Un visage Africain du christianisme*, Paris, Présence Africaine, 1962, p.94.

Le culte privé s'adresse aux mânes des ancêtres. Ce culte se pratique dans la famille, le clan ou le lignage. Les ancêtres sont, comme l'explique J. Mbiti :

> Des gens et ne sont pas encore devenu des choses, des esprits neutres. De temps à autres, ils reviennent dans leurs familles humaines et partagent leurs repas, quoique de façon symbolique. Ils sont au courant des événements familiaux et y prennent intérêt. Lorsqu'ils apparaissent—en général aux personnes âgées—ils sont reconnus par leur nom comme 'un tel'; ils s'informent des affaires de la famille et parfois même avertissent d'un danger imminent ou réprimandent ceux qui n'ont pas obéit à leurs instructions. Ce sont eux les gardiens des traditions, de l'éthique et des activités familiales. Toute faute commise dans l'un de ces domaines est enfin de compte une faute commise contre les ancêtres qui, en cette qualité, agissent comme la police invisible des familles et des communautés [36].

Ce culte qu'on adresse aux mânes des ancêtres s'appelle « kuhoza ou kuyikumba ». Il se déroule dans une cabane construite à cet effet qui s'appelle « luhero ou lubunga ». Elle est pavée d'herbes qu'on appelle « ngelengele ». Le contenu de cette cabane est composé de deux ou trois pierres sur lesquelles on dépose les offrandes (particulièrement : un morceau de viande de bœuf ou de chèvre), un pot d'argile « kamana » qui contient la boisson de banane. Le contenu de cette cabane s'appelle « kitabo ». Le père et la mère de la famille doivent pratiquer un culte quotidien pour attirer les faveurs des mânes des ancêtres sur la famille. V. Mulago dit : « Le culte quotidien [de la famille] n'a d'autre objet que celui de prévenir et de pourvoir à tous ces besoins. Mange-t-on en famille? On ne manquera pas de donner quelque chose aux membres défunts. Boit-on? Il faut offrir quelques gouttes aux morts[37]. »

Le culte public dépasse le cadre familial et concerne les confréries, c'est-à-dire les initiés à un esprit tribal. Chaque esprit a ses adeptes qui le célèbrent pour diverses raisons (comme je viens de le souligner pour Lyangombe et Nabingi) : initiation à l'esprit, souvenir, cas des maladies, catastrophes naturels, sécheresse, disette, etc. Certains cultes se font avec possession et d'autres non. Pour le culte qui se fait avec possession, l'esprit invoqué se manifeste et parle dans une femme initiée à cet esprit qu'on appelle « mutendamwa ». La danse appelée « mizuka » est exécutée à cette occasion. Il est à noter que l'esprit ne peut posséder qu'une femme et jamais un homme.

Voici schématiquement le déroulement du culte avec possession que donne Bahilo R dans son travail intitulé, *Croyances religieuses traditionnelles bantu : cas de « Leza » (Dieu) et ses suppôts « Bifwa » chez les Bavira*[38] :

- L'évocation de l'esprit par le « kilumbu »
- La possession du célébrant par l'ancêtre
- La bénédiction de l'assistant par la possédée

[36] Mbiti J., *Religions et Philosophie africaines*, (Traduit de l'anglais par C. le Fort), Yaoundé, Clé, 1972, p.94.

[37] Mulago V., *Un visage africain du christianisme*, Paris, Présence Africaine, 1962, p.96.

[38] Cf. Bahilo R., *Croyances religieuses traditionnelles bantu : cas de « Leza » (Dieu) et ses suppôts « Bifwa » chez les Bavira* (Mémoire de fin du premier cycle de philosophie), Bukavu, 1985-1986, p.39. Inédit.

- Un repas de communion avec l'ancêtre
- L'octroi de vigueur corporelle avec promesse de bonheur et des bien terrestres
- La dépossession et le départ de l'esprit.

Pour le cas des maladies, par exemple, c'est généralement le devin qui prescrit le rite à accomplir après avoir identifié l'esprit pathogène. Celui-ci peut aussi se manifester dans un songe ou par d'autres signes sensibles. Si l'esprit a été invoqué lors de la grossesse, le nom de cet esprit bénéfique est donné à l'enfant qui est né. C'est pourquoi beaucoup de Bavira portent les noms des esprits comme Kahindo, Kangeta, Kangere, Kifuvwe, Kwibe, Kyala, Lukundula, Lungwe, Mabenga, Matenga, Mufumbe, Mugandja, Mungeta, Mutambala, Mwanza, Nalubira, Namilenge, Namugo, Namulunda, Namwali, Nashanja...

Le culte public se célèbre aussi à l'honneur de deux grands esprits vira : Mwanza lulu (ou Mugandja lugulu) et Lungwe. Ils sont célébrés pour des raisons qui touchent toute la tribu vira. Mwanza lulu (ou Mugandja lugulu) est invoqué quand il y a des calamités naturelles : crue des rivières, sécheresse, disette des poissons dans le lac Tanganyika; quand il y a guerres, et lors de l'investiture du *kolo* (roi des Bavira). Par exemple quand il y a disette de poissons dans le lac Tanganyika, on invoque Mwanza lulu (ou Mugandja lugulu). Il se manifeste sous forme du feu « kamole ». Les lieux où on pratique son culte se trouve à Kasenga et à Kilibula. Quand il y a guerre, on invoque Manyema qui est le fils de Mwanza lulu. Lungwe est invoqué pour obtenir le bien-être matériel, la prospérité du bétail et de l'agriculture, pendant la chasse. On l'interroge pour connaître les causes des calamités, et il prédit l'avenir. Il se manifeste sous forme de vent « munyaga ».

Pour entrer en relation avec le monde de l'au-delà, le Muvira utilise diverses voies. Dès le décès, toutes les préoccupations consistent à mettre en contact les vivants et le monde de l'au-delà. Notre démarche a montré tout ce qu'on réalise depuis le jour de la mort jusqu'à la fin de deuil afin d'accompagner le trépassé jusque dans l'au-delà. Dès que le défunt est devenu ancêtre, le culte est le chemin obligé pour demeurer en communion avec lui.

Mais, « si nos traditions ignorent la notion chrétienne de salut éternel, elles admettent pourtant la récompense conçue comme séjour et un état de béatitude d'où la souffrance, la maladie et la mort sont bannies[39]. » Quel est alors l'enseignement de l'eschatologie chrétienne?

[39] Hebga P., « Santé et salut », dans *Christus*, 118, t.30, 1983, p.155.

2. LA DOCTRINE CHRÉTIENNE SUR L'ESCHATOLOGIE

Le mot eschatologie vient de deux mots grecs : « eskhata » (choses dernières) et « logos » (discours). Eschatologie signifie discours sur les choses dernières[40]qui concernent le monde avenir de l'homme. L'étude sur l'eschatologie chrétienne fait donc partie de la composante de l'étude théologique. Toutefois, entreprendre un discours sur ce thème, « le théologien n'est pas privilégié à l'égard de ce monde à venir. Il n'a d'autres sources d'information que les symboles et images de la tradition biblique[41]. » Ainsi, j'examinerai, premièrement, l'eschatologie dans l'Ancien Testament. Ici, je montrerai surtout l'évolution de l'attitude d'Israël à l'égard du futur. Deuxièmement, j'étudierai l'eschatologie dans le Nouveau Testament où je parlerai du sens que propose le Nouveau Testament sur l'eschatologie, et troisièmement, j'analyserai les différentes conceptions de l'eschatologie chrétienne issues des données bibliques.

2.1. L'eschatologie dans l'Ancien Testament

De prime abord, selon les spécialistes de l'Ancien Testament, on ne trouve pas de véritable doctrine eschatologique dans l'Ancien Testament[42]. En effet, on se demande, et à juste titre, qu'est-ce que l'eschatologie dans l'Ancien Testament? Quels sont les textes qui parlent de l'eschatologie dans l'Ancien Testament? Par où commence l'eschatologie d'Israël dans l'Ancien Testament? De toutes ces questions surgissent plusieurs réponses[43]. Pour ma part, je rejoins cette opinion qui affirme :

> Pour l'Ancien Testament, abstraction faites de ses tout derniers témoins, il n'y a pas d'espérance en la résurrection des morts. L'homme n'escompte rien après cette vie. Ce qui l'attend, c'est l'existence d'ombre dans le shéol; il la redoute même s'il est juste. La foi de l'homme ne se rapporte qu'à ce monde-ci et même cette formulation est trompeuse puisque le concept de ''ce monde-ci '' n'a été formé que lorsqu'on a créé le concept opposé, celui de '' monde à venir ''. Ces deux notions ne se trouvent pas encore dans l'Ancien Testament; elles apparaissent seulement plus tard, dans la littérature du judaïsme tardif et du christianisme[44].

Peut-on alors parler de l'eschatologie dans l'Ancien Testament? En considérant la relation étroite qui existe entre l'Ancien Testament et le Nouveau Testament, et en acceptant le sens que le Nouveau Testament donne à l'eschatologie qui concerne avant tout ce monde-ci et

---

[40] Cf. Léon-Dufour X., Dictionnaire du Nouveau Testament. Deuxième édition revue, Paris, Éditions du Seuil, 1975, p.237. Le débat concernant l'origine et la pertinence du mot « eschatologie », voir l'article de Penoukou E., « Eschatologie en terre africaine », dans *Lumière et Vie*, 159, t. XXXI, (1982), p. 75-88.
[41] Duquoc Ch., « Éditorial », dans *Concilium*, 39, (1968), p.7.
[42]Cf. Lohfink N., Sciences bibliques en marche, (traduit de l'allemand par Hervé Savon), Paris, Casterman, 1969, p.128-129.
[43]Cf. *Ibid.*
[44] *Ibid.*, p.128.

cette histoire-ci[45], il convient de recourir aussi au concept d'eschatologie pour la théologie de l'Ancien Testament.

2.1.1. L'espérance eschatologique au début de temps des Rois

Certains théologiens de l'Ancien Testament considèrent l'époque des patriarches comme *terminus a quo* dans l'étude de l'eschatologie d'Israël à cause des promesses faites aux patriarches. En effet,

> c'est là, soit l'opinion d'auteurs qui n'ont pas encore tenu compte des résultats pourtant largement acceptés de la critique du Pentateuque et qui, par conséquent, mettent au compte de l'univers mental des patriarches ce qui doit être attribué à la théologie, bien postérieure du récit yahviste, soit le fait d'une théorie comme celle d'Albrecht Alt sur la religion des ancêtres qui bien que soigneusement appuyée, pour l'époque, sur la critique et l'histoire des formes, a dû être largement révisée.[46]

Vu ce résultat, j'ai choisi pour ma part, le début de temps des rois comme *terminus a quo* dans cette étude sur l'eschatologie d'Israël. Cette première attente de l'espérance eschatologique se base surtout dans la tradition yahviste (écrite autour des années 950). Je trouve cette conception dans plusieurs psaumes du temple au temps des Rois, d'Isaïe et de Michée.

La conception qui ressort à cette époque est que le salut à venir n'y est pas attendu pour Israël seul, mais aussi pour l'humanité entière. Genèse 12, 3 : « En toi sera béni tout le peuple » est le leitmotiv de toute l'histoire yahviste. Mais cette histoire commence avec la malédiction à cause du péché. Elle recevra en Abraham la bénédiction qui se répandra jusqu'à David, son point culminant. Pour cela, la dynastie davidique devient le centre du salut à venir (cf. Is 2, 2-1; 8, 23—9,6; 11, 1-6; Mi 4, 1-8; 7, 11-13)[47]. À cette époque, Israël reçoit deux courants : le courant royaliste et le courant antiroyaliste. Pour le premier, le roi est considéré comme le fils de Dieu. En Jg 17—21, le temps sans le roi est un temps terrible. S'il n'y a pas de gouvernement, Israël risque de devenir une nation païenne. Pour le second courant qu'on rencontre surtout dans les critiques des prophètes, apparaît dans le royaume du Nord. Il fait sentir au peuple le poids de la royauté, car les rois deviennent les exploiteurs du peuple. Cette déception de la royauté fait appel à l'espérance du Roi-Messie, un Roi Parfait qui va établir un royaume éternel de justice et de paix (cf. Is 7, 14; 9,5a; Jr 4, 6; 33, 14-17). Le Roi-Messie devient un signe pour le peuple, parce qu'il établit la paix et la justice. Il devient un intendant fidèle du Roi céleste. Mais, avec la chute des royaumes du Nord et du Sud, ainsi que l'exil du peuple d'Israël, le Roi-Messie perd de plus en plus sa puissance messianique, c'est-à-dire son honneur, sa force et son prestige. Chez Isaïe, il devient berger et serviteur; chez Zacharie, il est humble et pauvre. Nous avons ici une puissance

---

[45] Cf. Gounelle A., & Vouga F., *Après la mort, qu'y a-t-il? Les discours chrétiens sur l'au-delà*, Paris, Cerf, 1990, p.91-94; Duquoc Ch., « Un ciel sur terre? », dans *Concilium*, 143, (1979), p.105-114.

[46] Lohfink H., *op.cit.*, p.131.

[47] Cf. *Ibid.*, p.135-139.

messianique décroissante, mais aussi il gagne d'importance pour le salut universel et son service est nécessaire pour le salut.

2.1.2. La périodisation prophétique du jugement et du salut

Les prophètes ne vont plus déclarer le salut comme signe d'accomplissement, mais ils vont le périodiser. C'est-à-dire qu'ils vont intercaler entre le temps actuel et le salut, un temps du jugement. Les prophètes annoncent au peuple d'Israël qu'à cause de son élection, Yahvé va le châtier. Un des plus classiques jugement est le « Jour de Yahvé » et l'oracle le plus ancien sur le « Jour de Yahvé » est celui d'Amos 5, 18-20 au VIIIème siècle[48]. Ce jour n'est plus un jour de lumière. Chez Amos, c'est un jour des ténèbres (cf. Am 5, 18). Chez Sophonie, ce jour devient un jour de châtiment pour Israël (cf. So 1, 15). Toutefois, tous les prophètes ont confiance que le jugement n'est pas le dernier mot, il y aura une restauration future (cf. Jr 23, 26 ; 32, 33). Le prophète Jérémie a la confiance qu'à la fin du châtiment, le peuple va se convertir et ce châtiment est la condition pour que Dieu lui donne un nouveau cœur.

Avec la chute du royaume du Nord, ce courant prophétique va annoncer une restauration de la royauté avec la prophétie de l'Emmanuel sous le roi Josias. Ézéchiel va abandonner l'idée de la royauté pour considérer Jérusalem comme médiateur du salut de Dieu et les prêtres deviendront les représentants de Dieu sur terre, car la royauté a échoué en Israël. De même, Ézéchiel parlera du roi, mais ce roi devient un prince (cf. Ez 40—41). C'est aussi le moment où l'on met l'accent sur le thème du petit reste d'Israël surtout chez Isaïe.

2.1.3. L'attente imminente du salut à la fin et après l'exil

Les représentants de cette manière d'attendre le salut sont : le Deutéro-Isaïe, Âgée et Zacharie. Ceux-ci considèrent que le temps de jugement est écoulé, ainsi le salut va surgir d'une façon imminente (cf. Is 43, 16-20)[49]. En Isaïe 42,9; 43,19; 43,19; 48,6 : les thèmes qui y ressortent sont : Dieu va recréer quelque chose de nouveau, il y aura une seconde création, un nouvel exode. Le retour de l'exil sera interprété comme un nouvel exode; la figure du serviteur de Yahvé comme le représentant du reste qui à travers sa souffrance va réaliser le règne de Dieu (cf. Ag 2, 6-9; 20, 23; Za 2, 15-17; 8, 20-23).

Cette forme d'espérance, surtout dans la proximité de Yahvé et la volonté du salut, exprime une volonté passionnée pleine de réussite pour Israël et pour tout le peuple. Nous retrouvons le thème de Dieu, Roi d'Israël (cf. Is 52, 7-10), tous les autres royaumes ne sont que les des instruments de Yahvé (cf. Is 52, 12). Le Royaume de Dieu en Deutéro-Isaïe est dans ce monde qui sera réalisé par la justice, la paix et la sécurité.

---

[48] Augustin G., « Le Jugement de Dieu. Essai d'interprétation eschatologique », dans *Concilium*, 41, (1969), p.13.

[49] Cf. Lohfink N., *op.cit.*, p.144.

2.1.4. Le tournant vers l'individu avec la Sagesse

Le livre de la Sagesse applique la philosophie populaire hellénistique à la vie des croyants[50]. Du point de vue eschatologique, cette sagesse a la conviction que la mort individuelle est surmontable et n'est pas définitive. Toutefois, la sagesse proclame la mort comme un malheur (cf. Job 14, 1-2), et elle propose des solutions provisoires de postérité (cf. Sg 4, 1; Job 18, 17-19). La foi juive acceptait les idées environnantes que les morts vont continuer à vivre dans le shéol. Pour éviter le partage du pouvoir, Israël pensait que le pouvoir de Yahvé s'arrêtait à la porte du shéol (cf. Job 26, 6-14). Mais c'est la sagesse qui va ouvrir le pouvoir de Yahvé dans le shéol (cf. Pr 15, 11) et son jugement atteint les âmes dans le shéol (cf. Ps 139, 7-12; 2M 6, 26; Sg 16,13-15).

Dans l'Ancien Testament nous trouvons la foi en l'immortalité de l'âme, mais cette foi n'a pas de témoignages bien suivis (cf. Si 40, 11; Qo 3, 21-22). De cette foi est née l'idée de l'individualisation eschatologique qui explique le décalage entre la vie du juste et le bonheur terrestre. Ce décalage devient la relation de la personne à Dieu et non du peuple en général, car ce peuple n'existe plus. La conviction qui ressort est que le juste garde sa relation avec Dieu, même après la mort.

2.1.5. L'apocalyptique vétérotestamentaire et le début du judaïsme

Le genre apocalyptique apparaît à la fin de l'époque vétérotestamentaire dans le livre de Daniel[51]. L'Apocalyptique a subi une influence Perse, c'est-à-dire la religion de Zarathoustra. Le peuple d'Israël a fait cette connaissance chez les Perses pendant l'exil à Babylone. Elle professait une dualité : ce monde-ci et le monde futur. Ce monde va disparaître dans une catastrophe du feu. À ce moment-là, un sauveur eschatologique apparaîtra, les morts ressusciteront à travers le feu. Les justes et ceux qui seront purifiés vivront dans un nouveau monde.

Les écrivains du judaïsme n'ont pas repris cette religion. En effet, au lieu de se fier à la force humaine lors de la résurrection, la foi biblique va se fier en Dieu (cf. Is 45, 22-25). De même, l'objet de l'attente se modifie. Le salut définitif que l'on attend n'est plus intérieur à l'histoire, il provient d'une sphère qui la transcende.

L'Apocalyptique s'explique par les difficultés qu'avait Israël au temps des Séleucides. À ce moment le roi imposa l'hellénisation. Beaucoup de Juifs abandonnèrent leur foi pour suivre l'hellénisme. Dans cette situation, l'Écrivain s'est placé à la fin du temps pour décrire le présent. Selon lui, à la fin du temps, il y aura un règne de Dieu qui écrasera tout le royaume. Dans cette déception du pouvoir, deux réactions ont surgi : la première réaction est de ceux qui attendent passivement l'intervention de Dieu. Dieu doit intervenir pour faire disparaître les impies. C'est le groupe des « Hasidim » qui devient la branche des « Assidéens ». Plus tard, naîtra la branche des Pharisiens et de Qumran. La deuxième réaction est de ceux qui sont pour la révolution du système. On ne peut plus rien faire à l'intérieure de

[50] Cf. Grelot P., *De la mort à la vie éternelle. Études de théologie biblique*, Paris, Cerf, 1971, p.187-189.

[51] Cf. Lohfink N., *op.cit.*, p.145.

cette histoire. Il faut détruire le système pour que le nouveau monde arrive. C'est la réaction des Maccabéens. C'est la partie qui s'installe au pouvoir et qui devient les « Asmonéens », c'est-à-dire les grands prêtres au temps de Jésus.

Dans le milieu spirituel où l'on cultive l'Apocalyptique, se développe en même temps l'espoir d'une résurrection des morts qui permettrait à tous d'avoir part à la vie du monde qui vient.

2.1.6. L'espérance de la résurrection des morts

« La foi vétérotestamentaire en la résurrection des morts est d'abord et avant tout le fruit d'une histoire vécue par le peuple de Dieu, particulièrement dans les derniers siècles de l'Ancien Testament[52]. » Pour Israël, la vie est un don de Dieu, communion avec Dieu. Ceux qui sont en communion avec Dieu vont vivre longtemps. Ainsi, après une vie longue et comblée, on rejoint les ancêtres (cf. Gn 15, 15; 25, 8; 35, 29). Toutefois, la mort n'est pas un anéantissement, c'est-à-dire quand l'homme meurt, il entre dans le shéol où il mène une existence de ténèbres, dénuée de toute vie véritable. Ici, Dieu ne pense pas aux morts et les morts ne pensent pas à Dieu (cf. Ps 30, 10; 88, 11).

Après l'exil, commence la réflexion d'un chemin qui dépasse la mort. Si Dieu est le Maître de la vie et de la mort, comment peut-il lâcher la communauté au moment de la mort? S'il lâche la communauté, Dieu n'est pas le Maître de la mort (cf. Ps 16, 9-11; 73, 23-26). De cet approfondissement de la foi est née l'espérance de la confiance entre Dieu et l'homme. Ce dernier, en communion avec Dieu, espère que Dieu le gardera après la mort. Ainsi, le règne de Dieu va s'étendre jusque dans le shéol. « La plénitude du pouvoir divin ne s'arrête pas au seuil du monde souterrain (Ps 139, 8; Job 26, 6). Tel est à l'intérieur de l'Ancien Testament l'un des présupposés les plus importants de l'idée de résurrection qui se développera après l'exil[53] . » À ce propos, le premier texte biblique qui parle de résurrection des morts relève de ce climat d'attente : Dn 12, 2.

Les différentes situations d'Israël que nous venons de brosser ont fait naître différents courants dans l'histoire d'Israël. Cependant, tous ces courants ont un but commun : l'espérance se dirige sur l'histoire nouvelle de salut dans une société ou sur une terre renouvelée par Dieu. C'est sur cette base que doit se situer l'eschatologie du Nouveau Testament.

2.2. L'Eschatologie dans le Nouveau Testament

La tradition vétérotestamentaire sur l'espérance eschatologique et le judaïsme naissant ont fourni les notions, sur l'arrière-fond, de l'expression néotestamentaire[54]. Ce fond est fait d'une façon sélective, c'est-à-dire selon différents acteurs. Et la prédication de l'Église primitive va interpréter ces notions en fonction du Christ.

---

[52] Rebic A., « Foi en la résurrection dans l'Ancien Testament », dans *Communion*, XV, t.1, (1990), p.14.

[53] *Ibid.*, p.18.

[54] Cf. Grelot P., *L'espérance juive à l'heure de Jésus*, Paris, Desclée, 1979.

2.2.1. L'Eschatologie de Jésus

Nous voulons distinguer, ici, les expressions du message de Jésus authentique et celles du message de la tradition de la communauté primitive[55]. Quel a été le message et la pratique de Jésus sur le Règne?

Jésus comprenait son agir comme « événement eschatologique ». Il était conscient que sa façon de faire annoncer l'état définitif du salut. Il attendait le salut définitif imminent comme le concevait Israël à cause de la proximité avec tout le reste d'Israël, et surtout avec Jean Baptiste dont il a été probablement son disciple[56]. Avec Jean Baptiste, il partageait la conviction radicale sur Dieu. En effet, « Jésus visiblement a été frappé par ce personnage, par son destin. De tous les hommes qu'a rencontrés Jésus, Jean est certainement, au témoignage de l'évangile, celui qui a fait sur lui la plus forte impression[57]. » Leur conviction est que Dieu seul va réaliser l'avenir. Pour Jean, le point central de cette conviction, c'est le jugement de Dieu. Il prêche le baptême de conversion pour accueillir Dieu. Cependant, pour Jésus, le jugement de Dieu existe, il est annoncé par le thème du fils de l'homme. En même temps, il y a possibilité de salut dans la mesure où l'homme accepte Jésus. Cette possibilité du salut, Jésus l'annonce sous le signe du règne de Dieu.

Le contexte historique du message de Jésus sur le règne se trouve à la fin de l'Ancien Testament où nous avons un courant apocalyptique qui veut faire arriver le règne de Dieu par la révolution. Cependant, il contrecarre le danger de la fuite du monde et de la création mauvaise par la tradition sapientielle (cf. Mt 5, 45). Pour Jésus, la miséricorde de Dieu peut supprimer cet ordre établi. Contre l'apocalyptique qui prêchait la passivité, il va équilibrer cette volonté de l'homme de gagner son ciel (contre le pharisaïsme).

Sur le fond d'annonce, d'attente de l'instauration du règne de Dieu, quelle est la vision eschatologique de Jésus sur sa mort? Jésus a prévu sa mort et il l'a assumé consciemment, car il savait que s'il continuait à prêcher et à agir comme il le faisait, il risquait la mort. L'interprétation que Jésus donne à sa mort, se trouve dans la théologie de la croix qui part des chants du serviteur souffrant : « Le fils de l'homme lui-même n'est pas venu pour être servi, mais pour servir et donner sa vie en rançon pour une multitude » (Mc 10, 45).

2.2.2. L'Eschatologie de Saint Paul

Les lettres pauliniennes présentent le corpus qui témoigne, dans le Nouveau Testament, de la réflexion théologique la plus élaborée sur l'au-delà ou l'après-mort. À l'exception de 1Th 4 qui affronte la question pour elle-même, les autres lettres l'abordent indirectement dans des controverses sur l'anthropologie (1 Co 15), sur la condition de l'existence

[55] Pour en savoir plus sur le problème de Jésus historique, voir Lohse E., *Théologie de Nouveau Testament*, (Traduit de l'allemand par P. Jundt), Genève, Labor et Fides, 1987, p.23-29.

[56] Rejoindre les gens qui recevaient le baptême de Jean n'était-ce pas se faire son disciple? Voir Guillet J., Jésus devant sa vie et sa mort, Paris, Aubier Montaigne, 1971, p.36.

[57] *Ibid.*, p.37.

apostolique (2 Co 5), sur la justice de Dieu (Rm 8) ou sur la vie communautaire (Rm 14, 7-9)[58].

Dans sa conception eschatologique, saint Paul est influencé par le courant apocalyptique, mais il n'est pas resté apocalypticien[59]. Ce qu'il nous propose comme nouveau, c'est sa réflexion sur la résurrection des morts. L'annonce du règne est conçue comme être avec le Christ. Le thème du règne est remplacé par la parousie (cf. 1Th 1, 10; 1Co 16, 22). Saint Paul a cru à une arrivée imminente du règne et il se compte parmi les vivants de la parousie de Jésus. Cette imminence du règne va diriger toute sa morale.

2.2.3. L'Eschatologie chez les synoptiques

Le terme synoptique vient du grec *synoptikos* qui est un adjectif correspondant à *synopsis* qui signifie action de voir ensemble[60]. Les synoptiques sont donc les trois évangiles de Matthieu, Marc et Luc. Ils sont dits synoptiques parce que leur contenu et leur expression sont semblables. Concernant l'enseignement sur l'eschatologie, les trois évangiles donnent un sens futuriste de l'eschatologie.

2.2.3.1. L'Évangile de Marc

L'Évangile de Marc nous montre le passage de la mission en Palestine vers la mission du judaïsme hellénistique (cf. Mc 1, 14s; 13, 10; 14,9). L'annonce du règne est le message central de Marc. Ce règne dépasse les biens du monde. On doit laisser tout pour le règne. Celui qui laisse tout reçoit des relations nouvelles (cf. Mc 9, 43-48; 10, 28-31). Pour Marc, le règne est proche. Il y a une attente imminente du salut[61].

2.2.3.2. L'Évangile de Matthieu

Pour Matthieu, le Royaume de Dieu n'est pas encore réalisé. D'où il faut annoncer la Parole de Dieu au monde entier pour le réaliser. L'attente imminente n'existe pas encore. Le Royaume accomplira le salut (cf. Mt 13, 43) et la participation au salut vient après le jugement général (cf. Mt 25, 31-46). Chez Matthieu, il y a dramatisation des images apocalyptiques en soulignant les malheurs qui viendront au jour du jugement (cf. Mt 24)[62].

Matthieu parle aussi de l'avènement du Fils de l'homme. Son règne sera un règne intermédiaire et plus tard le temps de l'Église. Selon Matthieu, ce règne demande une éthique. L'homme doit faire la volonté de Dieu. Le critère final du règne, ce sont les œuvres de charité pour les opprimés (cf. Mt 25, 31-46).

---

[58] Pour une analyse détaillée des lettres de saint Paul sur l'eschatologie, voir Gounelle A. & Vouga F., op.cit., p. 129-137.

[59] Cf. Lohse E., *op.cit.*, p.169.

[60] Léon-Dufour X., *Dictionnaire du Nouveau Testament.* Deuxième édition revue, Paris, Éditions du Seuil, 1975, p.508.

[61] Cf. Gounelle A. & Vouga F., *op.cit.*, p.116.

[62] Cf. *Ibid.*, p.117.

2.2.3.3. *L'Évangile de Luc*

L'Évangile de Luc nous présente une nouvelle conception de temps : « On doit à Luc l'intervention de la représentation formelle qui matérialise l'Évangile sous la forme linéaire et claire d'une histoire du salut[63]. » Cette conception de temps nous donne un schéma bipartite : le temps de la promesse et le temps de l'accomplissement. Ce dernier temps a deux phases : le temps de Jésus et le temps de l'Église. Le retard de la parousie s'explique, parce que Luc insiste sur les expériences de Pâques et de l'Esprit (cf. 24, 46-49).

Ce qui est important dans l'eschatologie de Luc, est qu'en Jésus, le salut final est venu et on peut l'expérimenter entre l'Ascension et la Parousie. Mais dans son discours sur la fin des temps, Luc conserve un arrière-fond apocalyptique (cf. Lc 17.21).

2.2.4. L'Eschatologie dans l'Évangile de Jean

Dans l'Évangile de Jean, le jugement eschatologique n'est pas compris comme un événement apocalyptique futur, mais comme un événement présent. C'est une eschatologie déjà réalisée. C'est-à-dire que le jugement eschatologique se produit déjà et maintenant (cf. Jn 3, 17). Toutefois, nous trouvons dans l'Évangile de Jean, des passages qui caractérisent une eschatologie au futur (cf. Jn 5, 28s; 6, 39.40.44.54; 12, 48).

Ces données bibliques que je viens de relever sur l'avenir individuel et collectif, ont permis de systématiser la doctrine de l'eschatologie chrétienne ci-dessous.

2.3. Analyse de différentes conceptions de l'eschatologie chrétienne

L'étude théologique ne peut pas se développer en dehors des sources scripturaires et patristiques. Grâce aux recherches minutieuses de l'exégèse biblique, la théologie obtient toujours le fondement solide pour son renouvellement. En ce qui concerne l'étude eschatologique qui nous intéresse ici, les données bibliques que je viens d'expliciter dans le point précédent, ont permis de donner différentes approches sur l'eschatologique chrétienne. En rapport avec l'objectif de ce travail, est-ce que ces différentes approches intéressent l'au-delà chez les Bavira? Avant de répondre à cette question (celle-ci sera traitée dans le point suivant), je voudrais d'abord les analyser ici. Il s'agit de l'approche eschatologique qu'on retrouve dans les documents du concile Vatican II, chez Bultmann et chez Moltmann. Ce choix d'analyse que j'ai retenu, s'explique par leur actualité chez les catholiques (concile Vatican II) et chez les protestants (Bultmann et Moltmann).

2.3.1. L'eschatologie dans les documents du concile Vatican II

Tout d'abord, qu'est-ce que le concile? Le concile vient du latin *concilium*. Ce nom vient lui-même d'un verbe *concalare* qui signifie convoquer. Dans le *Dictionnaire Critique de Théologie*, nous trouvons la définition suivante du concile : « On désigne par ''concile'',

[63] *Ibid.*, p.118.

(l'assemblée des représentants légitimes de l'Église), réunis au niveau régional (concile local) ou universel (concile œcuménique) pour délibérer et statuer, dans un souci d'unité, en matière de foi, de pratique chrétienne et d'organisation ecclésiastique[64]. » Aujourd'hui, on dénombre dans l'Église catholique vingt et un conciles œcuméniques. Le concile Vatican II est le dernier de ces conciles. Il est le deuxième qui s'est tenu au Vatican à Rome, c'est pourquoi on l'appelle le concile Vatican II[65]. En rapport avec les conciles qui l'on précédé —particulièrement les conciles de Trente et de Vatican I—, qui avaient des préoccupations juridiques[66], le concile Vatican II, quant à lui, s'est voulu un concile du renouveau pour une meilleure annonce de l'Évangile à une époque où cette dernière traversait différentes crises. On l'appelle aussi, le concile pastoral. Le renouveau qu'on attribue à ce concile s'est réalisé grâce au retour aux sources scripturaires et patristiques de la foi. En ce qui concerne l'eschatologie, celle-ci a aussi bénéficié de ce renouveau qui a été reconnu au concile tout entier.

Concernant ce point, mon regard va se porter premièrement sur l'enseignement traditionnel de l'eschatologie, et deuxièmement, je vais relever ce que Vatican II a opéré comme retournement épistémologique.

2.3.1.1. Doctrine traditionnelle de l'eschatologie chrétienne

La doctrine traditionnelle de l'eschatologie chrétienne, c'est la doctrine classique de trois états. Celle-ci est généralement divisée en deux parties : une eschatologie personnelle (mort, jugement particulier, purgatoire, enfer et ciel) et une eschatologie universelle (résurrection des morts, parousie, jugement du monde ou instauration définitive du règne de Dieu). Selon « la foi catholique »[67], cette doctrine se développe de la manière suivante : Ceux qui quittent cette vie sans péché, ni peines dues au péché, entrent dans la béatitude éternelle. La béatitude céleste consiste dans la vision immédiate de Dieu. Pour jouir de cette vision, fin à laquelle la nature humaine n'aurait eu aucun titre, l'homme a besoin de la lumière de gloire. Si des peines temporelles restent encore à expier, elles le sont en purgatoire. Par les prières et les bonnes œuvres, les fidèles peuvent adoucir cette expiation. La peine du péché originel est la privation de la vision de Dieu; la peine du péché mortel actuel est l'enfer, l'enfer est éternel. À la fin des temps, tous ressusciteront avec leur corps à l'exemple du Christ. Alors, le Christ prononcera son jugement dernier et remettra son Royaume à son Père.

---

[64] Lacoste J.-Y. (sous la direction de), *Dictionnaire Critique de Théologie*, Art « concile », Paris, P.U.F., 2007.

[65] Le concile Vatican II a été convoqué par le pape Jean XXIII et ouvert le 11 octobre 1962. Il s'est terminé sous le pontificat du pape Paul VI, le 8 décembre 1965. Il a produit seize documents conciliaires. Cf. Vatican II, *Les seize documents conciliaires.* Texte intégral. Ouvrage publié sous la direction du R.P. Paul-Aimé Martin, c.s.c., 2ème édition revue et corrigée, Montréal & Paris, Fides, 1967.

[66] Le concile de Trente s'est tenu du 13 décembre 1545 au 14 décembre 1563. Ce concile a donné les réponses doctrinales aux théories protestantes et a reformé la discipline interne de l'Église. Le concile Vatican I s'est tenu du 8 décembre 1869 au 20 octobre 1870. Ce concile a défini le dogme de l'infaillibilité pontificale.

[67] Cf. Dumeige G., *La Foi Catholique*, Paris, Éd. De l'Orante, 1975.

Cette doctrine, comme nous pouvons le constater, privilégie la conception spatiale[68]. Celle-ci explique qu'après la mort, les âmes ont des demeures. Trois lieux forment l'au-delà : le paradis, le purgatoire et l'enfer. Ils sont chronologiquement simultanés et topographiquement distincts, c'est-à-dire qu'ils existent en même temps, mais occupent des espaces différents.

À cette conception spatiale, on adresse certaines critiques[69] : cette conception repose sur un certain dualisme. Il y a l'ici-bas et l'au-delà. À la mort, on change des lieux. La vie après la mort se passe ailleurs. Elle reprend quantité d'éléments qui viennent des diverses conceptions du paganisme de l'Antiquité ; par exemple les représentations du jugement dernier ou les descriptions des souffrances des uns et du bonheur des autres. Enfin, elle se centre beaucoup trop, presque exclusivement sur l'individu.

2.3.1.2. Déplacements du Vatican II concernant l'eschatologie chrétienne

Je viens de donner ci-dessus, la conception traditionnelle de l'Église concernant l'eschatologie. Il importe maintenant de relever les déplacements qu'a effectué le concile Vatican II par rapport à cette conception traditionnelle de l'Église concernant l'eschatologie chrétienne.

À première vue, le mot « eschatologie » fait défaut dans les documents conciliaires. Mais c'est seulement l'adjectif « eschatologique » qui y apparaît trois fois : deux fois dans la constitution pastorale sur l'Église dans le monde de ce temps *Gaudium et Spes* n° 21 § 3 [70] et n° 40 §2 [71]; et une fois dans le décret sur l'activité missionnaire de l'Église *Ad Gentes* n° 9 [72]. Bien que le mot « eschatologie » ne soit pas mentionné explicitement dans les textes conciliaires, on remarque quand même que la dimension eschatologique y est traitée dans beaucoup de ces documents. Pour indiquer les déplacements que Vatican II a effectués concernant la doctrine de l'eschatologie, mon attention se focalisera particulièrement sur deux documents : la constitution dogmatique sur l'Église *Lumen Gentium* et la constitution pastorale sur l'Église dans le monde de ce temps *Gaudium et Spes*.

En ce qui concerne la constitution dogmatique sur l'Église *Lumen Gentium*, je vais m'arrêter aux numéros 48[73]et 49[74]. Le numéro 48 traite de la vocation eschatologique de

---

[68] Cf. Gounelle A. & Vouga F., *op.cit.*, p. 23-25.

[69] Cf. *Ibid.*

[70] *GS* n° 21§3 : « L'Église enseigne, en outre, que l'espérance eschatologique ne diminue pas l'importance des tâches terrestres, mais en soutient bien plutôt l'accomplissement par de nouveaux motifs. »

[71] *GS* n° 40§2 : « Née de l'amour du Père éternel, fondée dans le temps par le Christ Rédempteur, rassemblée dans l'Esprit, l'Église poursuit une fin salvifique et eschatologique qui peut être pleinement atteinte que dans le siècle à venir. »

[72] *AG* n° 9 : « Ainsi l'activité missionnaire tend vers la plénitude eschatologique : [...] »

[73] *LG* n° 48 : « L'Église, à laquelle nous sommes tous appelés en Jésus-Christ et dans laquelle nous acquérons la sainteté par la grâce de Dieu, ne recevra son achèvement que dans la gloire céleste, lorsque viendra le temps de la restauration universelle (cf. Act. 3,21) et que tout l'univers, intimement uni à l'homme grâce auquel il

l'Église en marche et son union avec l'Église du ciel, et le numéro 49 expose avec profondeur le mystère de la communion des saints. Ce qui détermine le renouveau eschatologique de ces deux numéros est la position centrale qu'occupe Jésus Christ. Autrement dit, son caractère est christocentrique.

En ce qui concerne la constitution pastorale sur l'Église dans le monde de ce temps *Gaudium et Spes*, mon regard s'arrêtera sur le numéro 39§2[75]. Le renouveau eschatologique de ce numéro est qu'il donne la valeur de l'activité humaine et le progrès pour la préparation du futur. Le but de l'histoire et de l'activité humaine, c'est la vie de l'au-delà qui a déjà commencé ici-bas. Ainsi, le progrès a beaucoup d'importance pour le Royaume de Dieu, dans la mesure où il peut contribuer à une meilleure organisation de la société humaine.

2.3.2. L'eschatologie chez les théologiens protestants

J'ai choisi deux théologiens protestants qui ont deux points de vue diamétralement opposé sur l'eschatologie chrétienne. Il s'agit de Bultmann[76] et de Moltmann[77]. Ces deux théologiens allemands sont des représentants de deux courants théologiques différents. Ici, il ne s'agit pas de les étudier systématiquement—ce n'est pas le but de ce travail—; je me contenterai seulement de présenter quelques aspects de leur pensée sur l'eschatologie chrétienne qui me permettront de les comparer avec la conception de l'au-delà chez les Bavira.

2.3.2.1. *L'eschatologie de Bultmann*[78]

Bultmann est l'initiateur du courant qui a marqué la théologie chrétienne du XXe siècle. Il s'agit de la théologie existentielle. Cette théologie vient de la philosophie existentialiste qui consiste à explorer le problème de l'existence humaine. Les vues du philosophe allemand Heidegger[79] sur l'existentialisme ont exercé une influence sur la pensée de

---

parvient à sa fin, sera lui aussi, parfaitement restauré dans le Christ avec le genre humain (cf. Eph. 1, 10; Col. 1, 20; II Petr. 3, 10-13) [...]. »

[74] *LG* n° 49 : « [...] Tous cependant, bien qu'à des degrés divers et de façon différente, nous communions dans le même amour de Dieu et du prochain et nous chantons à notre Dieu la même hymne de gloire. En effet, tous ceux qui sont du Christ, pour avoir reçu son Esprit, sont unis en une seule Église et adhèrent les uns aux autres en lui (cf. Eph. 4, 16). [...] »

[75] *GS* n° 39 §2 : « Certes, nous savons bien qu'il ne sert à l'homme de gagner l'univers s'il vient à se perdre lui-même, mais l'attente de la nouvelle terre, loin d'affaiblir en nous le souci de cultiver cette terre, doit plutôt le réveiller : le corps de la nouvelle famille humaine y grandit, qui offre déjà quelque ébauche du siècle à venir. C'est pourquoi, s'il faut soigneusement distinguer le progrès terrestre de la croissance du Règne du Christ, ce progrès a cependant beaucoup d'importance pour le Royaume de Dieu, dans la mesure où il peut contribuer à une meilleure organisation de la société humaine. »

[76] Cf. Bultmann R., *Histoire et eschatologie*. Traduit de l'allemand par Roger Brandt, Paris, Cerf, 1976.

[77] Cf. Moltmann J., *Théologie de l'espérance. Études sur les fondements et les conséquences d'une eschatologie chrétienne*. Traduit de l'allemand par Françoise et Jean-Pierre Thévenaz, (coll. Cogitatio Fidei, 50), Paris, Cerf-Mame, 1970.

[78] Rudolf Bultmann est un théologien allemand (1884-1976). Il est spécialiste en exégèse du Nouveau Testament.

[79] Martin Heidegger (1889-1976) est un philosophe existentialiste allemand. Son ouvrage fondamental s'intitule : *L'Être et le Temps* (1927). Dans cet ouvrage, il détermine le sens de l'être.

Bultmann. Grâce à lui, Bultmann a permis de parler d'une interprétation existentielle des textes bibliques. Cette interprétation l'a amené à penser que l'analyse historique du Nouveau Testament est inutile, étant donné que la première littérature chrétienne montrait peu d'intérêt pour des lieux spécifiques[80]. À partir de cette conception, Bultmann va montrer que les textes néotestamentaires véhiculent un langage qui n'est plus pour les gens du XXe siècle. Pour cela, il a entrepris le travail de démythologiser le message du Nouveau Testament. Selon lui, cette démythologisation se trouve déjà dans le Nouveau Testament. Après son étude sur l'Évangile de saint Jean, Bultmann observe que lorsqu'on lit de manière attentive les textes du Nouveau Testament, on peut observer qu'ils commencent eux-mêmes déjà un travail de démythologisation de manière partielle. Ainsi, par exemple, lorsque Jésus dit dans l'évangile de Jean : « En vérité, en vérité, je vous le dis, l'heure vient—et maintenant elle est là—où les morts entendront la voix du Fils de Dieu » (Jn 5,25), la petite incise « et maintenant elle est là » est démythologisant. Ce même évangile démythologise le jugement de la fin des temps en proclamant qu'il a déjà eu lieu en Jésus et que celui qui ne croit pas en lui « est déjà jugé » (Jn 3, 18)[81]. Ce travail de démythologisation du Nouveau Testament consiste à remplacer des interprétations bibliques surnaturelles par des catégorisations temporelles existentielles[82]. Bref, Bultmann prône une théologie existentialiste. Selon lui, l'Évangile n'apporte pas un savoir ni un ensemble de croyances, mais il provoque une rencontre existentielle avec quelqu'un qui me bouscule et me place devant un choix que je dois faire.

L'eschatologie de Bultmann est donc basée sur cette approche existentielle. Pour parler de l'eschatologie, Bultmann passe d'une interprétation objectivante à une interprétation existentielle, c'est-à-dire que la première est une interprétation qui élimine l'inconnu, l'insolite, le mystérieux. La seconde est une interprétation qui prête attention au singulier, à l'individuel[83]. La théologie existentielle développe une théologie de l'exode et de la traversée du désert. Le fondement de cette théologie est lorsque les enfants d'Israël étaient dans le désert, ils avaient récriminé contre Moïse et Aaron : « Ah! Il aurait mieux valu mourir de la main du Seigneur au pays d'Égypte, quand nous étions assis près des marmites de viande, quand nous mangions du pain à satiété! Vous nous avez fait sortir dans ce désert pour faire mourir de faim tout ce peuple assemblé! » (Ex 16, 2-3). La théologie de l'exode, c'est la sortie du pays bien ordonné, c'est le départ d'une maison organisée, avec ses règles, ses habitudes et ses principes. En revanche, la théologie de la traversée du désert, c'est l'inconnu qu'on affronte, l'absente de toute sécurité, le provisoire. La théologie existentielle, rejette donc une théologie de l'exode (attitude objectivante) et adopte une théologie de la traversée du désert (attitude existentielle). L'attitude objectivante fait de l'évangile un

[80] Cf. Rudolf Bultmann, https://fr.abcdef.wiki/wiki/Rudolf_Bultmann visité en 2021

[81] Cf. Rudolf Bultmann, ou le souci de l'existence croyante, https://www.evangile-et-liberte.net/2017/03/rudolf-bultmann-ou-le-souci-de-lexistence-croyante/

[82] Cf. *Ibid.*

[83] Cf. Gounelle A., Existentialisme et théologie,www.andregounelle.fr/vocabulaire-theologique/existenlisme-e-theologie.php

système d'explication et d'interprétation du monde qui se fonde sur un ensemble de croyances, elle se forge une structure. En revanche, pour l'attitude existentielle, le croyant n'a pas de cadre ou de structure où il inscrirait sa foi. L'évangile n'apporte pas un savoir ni un ensemble de croyances. Il provoque une rencontre existentielle avec quelqu'un qui me bouscule, m'interpelle, me place devant un choix que je dois faire sans preuves ni garanties. Ainsi, la pensée existentielle propose une eschatologie qui m'engage. Elle concerne mon présent, ma manière de vivre aujourd'hui. Ce qui compte dans cette eschatologie, c'est le présent. C'est-à-dire que l'auditeur doit faire un choix et prendre une décision existentielle. Pour Bultmann, tout le Nouveau Testament doit être interprété d'une manière existentielle; même la résurrection du Christ. Pour lui, on ne peut comprendre la résurrection du Christ que subjectivement. Car la foi est une réalité d'aujourd'hui, une décision personnelle. La liberté personnelle s'accomplit au moyen de la proclamation du kérygme, et non par le Jésus historique qui n'a aucun fait particulier. Ainsi donc, Bultmann ne reconnaît pas le Jésus de l'histoire. Car pour lui, « le passé n'ouvre en rien à l'intelligence du passé et ne peut rien apporter à notre projet actuel d'exister[84]. » Autrement dit, Jésus est important pour moi *hic et nunc*. Il n'est jamais acquis une fois pour toute. Je dois lui renouveler ma confiance à chaque instant. Cette théologie existentielle amène Bultmann à dire qu'on ne peut pas parler de Dieu, si on ne parle pas en même temps de l'existence humaine. En fait, Bultmann individualise l'eschatologie. D'après lui, la fin se trouve dans la mort de l'individu.

Cette approche de l'eschatologie de Bultmann a été beaucoup critiquée, car elle prône une eschatologie anthropocentrique qui ne se préoccupe pas des aspects cosmologiques. Parmi les théologiens qui ont sévèrement critiqué cette eschatologie, Moltmann en est le porte étendard.

2.3.2.2. *L'eschatologie de Moltmann*[85]

Moltmann est le farouche adversaire de la théologie existentielle de Bultmann. Moltmann a reproché ce dernier d'avoir réduit l'eschatologie à l'éternel présent. Pour lui, cette théologie ne voit pas le futur dans l'Écriture. Ainsi, Moltmann a pu dire qu'il y a absence de la vraie eschatologie chez Bultmann. Pour cela, il a entrepris le travail de remettre l'eschatologie à sa juste place dans l'ensemble de la théologie. Son premier ouvrage à ce sujet, il l'a intitulé : *La Théologie de l'Espérance*[86]. Cet ouvrage a eu grand succès et l'a rendu populaire parmi les grands théologiens mondialement connus. En effet, sa théologie a été reçue avec soulagement et a suscité beaucoup d'espoir du renouveau de la théologie par

[84] Laffoucrière O., « Bultmann et l'histoire » dans *Revue d'Histoire et de Philosophie religieuses* 38-3 (1958), p.222. https://www.persee.fr/doc/rhpr_0035-2403_1958_num_38_3_3543

[85] Jürgen Moltmann est un théologien allemand réformé, né en 1926. Il est considéré comme l'initiateur de Théologie de l'espérance. Sa renommée internationale est liée à la notion de théologie de l'espérance.

[86] Cf. Moltmann J., *Théologie de l'espérance. Études sur les fondements et les conséquences d'une eschatologie chrétienne*. Traduit de l'allemand par Françoise et Jean-Pierre Thévenaz, (coll. Cogitatio Fidei, 50), Paris, Cerf-Mame, 1970.

rapport à l'ancienne théologie existentielle. Au cours de la rédaction de cet ouvrage, Moltmann a été influencé fortement par le philosophe marxiste allemand Ernst Bloch[87].

L'ouvrage de Moltmann, *Théologie de l'espérance*, repose donc sur le terme eschatologie. Cet ouvrage montre que le christianisme est tout entier eschatologique, car celle-ci est présente dans tout le Nouveau Testament. Moltmann le dit en ces termes :

> Le christianisme est tout entier (et pas seulement en appendice) eschatologie. Il est espérance, perspectives et orientation en avant, donc aussi départ et changement du présent. La perspective eschatologique n'est pas un aspect du christianisme, elle est à tous égards le milieu de la foi chrétienne, le ton sur lequel tout, en elle, s'accorde, la couleur de l'aurore d'un jour nouveau attendu dans laquelle tout baigne ici[88].

Du fait que l' « eschatologique » n'avait plus place dans l'ensemble de la théologie à cause de sa mauvaise conception, Moltmann a voulu remettre sa vraie identité. Ainsi, pour expliquer ce qu'est l'eschatologie, il refuse de l'expliquer à partir des termes grecs, puisque, dit-il, cette explication l'éloigne de la pensée biblique. Il lie l'explication de l'eschatologie avec le terme « promesse ». Pour lui, le langage grec du *logos* doit être remplacé par la perspective biblique ancrée dans le langage de la promesse[89]. Car « la révélation biblique révèle tout au contraire de la promesse : Dieu se révèle, non comme éternel présent, mais sur le mode de la promesse[90] .» La promesse de Dieu d'agir dans le futur est plus important que le fait qu'il a agi dans le passé. Avec la promesse, tous les aspects de la foi sont orientés vers le futur. Moltmann explique que cette tension de la foi chrétienne qui est orientée vers l'avenir est intrinsèquement liée en la foi de la résurrection du Christ[91]. Cette tension vers l'avenir est liée à la révélation en Jésus Christ. Dans cette révélation, la croix de Jésus Christ a une place du fait que le mystère de l'incarnation a abouti à la croix. « Toute eschatologie chrétienne de la résurrection est empreinte du caractère d'une eschatologie de la croix[92]. » Ainsi donc, tous les éléments théologiques contenus dans la révélation chrétienne doivent donc être lus dans cette perspective. Selon Moltmann, l'eschatologie ne correspond pas à la fin des temps, mais elle correspond au commencement du monde nouveau. Car la mort de Jésus Christ sur la croix était surtout le commencement de quelque chose de nouveau. Bref, pour Moltmann, la fin, c'est le début d'un nouveau commencement grâce à la résurrection du Christ.

---

[87] Ernst Bloch est un philosophe marxiste juif allemand (1885-1977). Il a écrit : *Le Principe espérance,* en trois volumes (1954-1959) où il redéfinit l'utopie.

[88] Moltmann J., *Théologie de l'espérance. Études sur les fondements et les conséquences d'une eschatologie chrétienne*. Traduit de l'allemand par Françoise et Jean-Pierre Thévenaz, (coll. Cogitatio Fidei, 50), Paris, Cerf-Mame, 1970, p.12.

[89] Cf. *Ibid.*, p.39.

[90] Michel M., « Le retour de l'eschatologie dans la théologie contemporaine », *Revue des sciences religieuses*, 58-1-3 (1984), p.190. https://www.persee.fr/doc/rscir_0035_2217_1984_num_58_1_3006

[91] Cf. *Ibid.*, p.12.

[92] *Ibid.*

En s'appuyant sur les différentes conceptions de l'eschatologie chrétienne que je viens de présenter ci-dessus, il appert que l'élément convergent de l'eschatologie chrétienne est son caractère christologique. Le Christ est donc au centre de l'herméneutique de l'eschatologie chrétienne.

Après cette mise au point, la section suivante tentera maintenant de mettre en parallèle l'eschatologie chrétienne, comme je l'ai développée, et l'au-delà chez les Bavira en montrant, d'un côté, les éléments convergents, et de l'autre, les éléments divergences.

3. L'AU-DELÀ CHEZ LES BAVIRA ET L'ESCHATOLOGIE CHRÉTIENNE

Mon souci, ici, est de faire ressortir des éléments qui servent des pierres d'attentes tirés de la conception de l'au-delà chez les Bavira, susceptibles de se marier avec la doctrine chrétienne sur l'eschatologie, afin de permettre le Muvira de garder sa foi chrétienne tout en essayant de ne pas se renier lui-même. Pour ce faire, je présenterai d'abord la finalité de toutes les pratiques funéraires dans la vie du Muvira. Ce résultat me permettra, ensuite, de le comparer avec la conception eschatologique chrétienne. Enfin, je donnerai l'attitude que doit adopter le Muvira en tant que chrétien sans se renier soi-même.

3.1. L'ultime finalité dans la vie traditionnelle des Bavira

Dans le premier point de ce travail, j'ai essayé de décrire la conception de l'au-delà chez les Bavira. Nous avons vu que les Bavira se préoccupent de leur défunt en l'accompagnant des rites funéraires, afin de lui procurer une territorialité dans l'au-delà et de continuer à rester en communion avec lui. En revanche, le défunt qui ne reçoit pas les funérailles selon la tradition vira, est condamné à une mort définitive. « Cette mort définitive ou eschatologique, comme l'explique L.V. Thomas et R. Luneau, est donc à la fois sociale (altération de la mémoire collective) et métaphysique (perte progressive de l'influx vital pour les mânes qui, oubliés des vivants, n'ont plus la force nécessaire d'entrer en relation avec eux)[93] ». Dans cette préoccupation des Bavira se cache, cependant, l'ultime finalité qui conduit toute leur existence et qu'il m'est permis d'élucider ici.

Ce qui saute aux yeux, est que les vivants et les ancêtres ont réciproquement besoin les uns des autres. En effet, les Bavira croient que les ancêtres ont le pouvoir d'agir dans leur vie et les ancêtres ont besoin des cultes des vivants pour leur renforcement vital. Je l'ai souligné dans le point concernant le culte des ancêtres. Les rites funéraires visent donc à obtenir au défunt la territorialité dans le village dans l'au-delà, et qu'au retour, le défunt puisse apporter le bonheur aux vivants. C'est-à-dire qu'il leur procure les biens matériels, les biens de la personne et les biens de la progéniture. Cependant, les deux premiers biens n'ont de sens que dans les biens de la progéniture. Autrement dit, ils servent des moyens pour obtenir les biens de la progéniture.

Malgré les efforts déployés pour conserver et sauvegarder la vie, le Muvira sait qu'il mourra un jour : « Ndawe walama hano gulu » (Personne ne vivra éternellement sur la terre) dit un proverbe vira. Il reconnaît par-là que la mort fait partie intégrante de son existence. Si la vie d'ici-bas a une fin, il sait, cependant, qu'elle continue dans l'au-delà. Sa conviction, à ce propos, est que le défunt a besoin de sa progéniture pour continuer à être en communion avec sa communauté. En d'autres termes, « le seul moyen d'échapper à la mort inéluctable, et d'empêcher la vie qui bouillonne en lui de se perdre à jamais, de s'éteindre, c'est la transmettre à d'autres[94]. » Avoir la progéniture, pour le Muvira, c'est avoir le bonheur. Car

[93] Thomas L.V., & Luneau R., *Les religions d'Afrique Noire*, Paris, Arthème-Fayard, 1969, p.214.

[94] Nothom D., *Un humanisme africain*, Bruxelles, Lumen Vitae, 1968, p.32.

avec la progéniture, le Muvira sait qu'après sa mort, sa survivance dans l'au-delà en dépend. Car le rôle de la progéniture est de continuer à entretenir des relations avec son défunt par la pratique des cultes. De-là, la force de ce dernier pourra se renouveler et se maintenir. En revanche, n'avoir pas d'enfants est aux yeux des Bavira un grand malheur. En effet, un homme ou une femme qui meurt sans la progéniture ne bénéficie pas des rites funéraires selon la tradition vira[95]. Comme Mujynya le stipule :

> Celui qui meurt sans laisser de progéniture est censé cesser d'exister en tant que force vitale. Son *nitu*[96] devenu *muzimu* dans l'au-delà est considéré comme réalité diminuée du fait qu'il se trouve complétement privé du corps, l'un des éléments principaux qui, avec lui, composaient la force vitale qu'était le vivant. On dirait qu'aux yeux des Bantu, le *nitu* est une réalité qui a été faite pour exister en relation constante avec le corps[97].

Cet homme perd donc toute relation avec les vivants. En d'autres termes, il meurt définitivement. Sa force vitale est portée à s'éteindre pour de bon, car il n'a personne pour le renforcer. Toutefois, disons avec O. Matungulu ce qui suit :

> Sous son grand désir d'avoir une nombreuse descendance, le *muntu* cache l'aspiration la plus fondamentale de sa vie, à savoir l'immortalité bienheureuse. S'il avait à choisir entre la possibilité de procréer et celle de vivre éternellement, il choisirait peut-être la possibilité de vivre éternellement ici-bas. Mais comme le choix n'est pas possible, de fait que tout homme est appelé à quitter ce monde, on se rabat sur la procréation [...]. La meilleure façon de s'immortaliser, c'est d'avoir une progéniture. La procréation devient ainsi la valeur exprimant à la fois l'immortalité et la force de créativité de l'homme est à même de manifester autour de lui[98].

Il ressort que, chercher le bonheur, c'est chercher la vie elle-même. Autrement dit, le bonheur est le synonyme de la vie. C'est cela donc l'aspiration fondamentale qu'il faut posséder, soigner, conserver et sauvegarder. Elle est le don le plus précieux reçu de Dieu Créateur. Tout agir des Bavira consistera à renforcer et à maintenir cette vie. Face à toutes les menaces qui s'en suivent, les Bavira vont recourir aux différents moyens susceptibles de la renforcer et de la protéger.

Enfin, la conception de l'au-delà chez les Bavira n'est perçue qu'en relation avec le monde d'ici-bas. Le sort des ancêtres se joue en dernière analyse dans ce monde des vivants.

---

[95] Lors de l'enterrement d'un homme ou d'une femme qui ne s'est jamais marié et n'a jamais eu d'enfants, sa dépouille mortelle ne passe pas par la porte. Un trou est percé dans le mur postérieur de la case par où l'on fait passer le corps du défunt pour aller l'enterrer. Il est également enterré avec un morceau de bois mal raboté de peur que son esprit ne vienne hanter les vivants, pour signifier qu'il n'a pas été utile à la communauté, et qu'il est parti avec toute sa descendance. D'où la maxime : « Muhongolo gwe ngiingo ni wage mwana » (Pour un stérile, la planche du lit est son enfant).

[96] *Nitu*, selon l'auteur, c'est le principe psychique, spirituelle chez l'homme; ce principe est considéré comme étant le double de l'homme qui se désincarne au moment de la mort pour porter le nom de « muzimu ».

[97] Mujynya E., *L'Homme dans l'univers des Bantu*, Kinshasa, P.U.Z., 1978, p. 92.

[98] Matungulu O. (s.j.), *Être avec pour vivre vrai*, Lubumbashi, Éd. St-Paul Afrique, 1981, p.27.

Autrement dit, le bonheur du Muvira, ne se trouve pas dans l'au-delà, mais au contraire, son bonheur se trouve dans ce monde-ci. L'au-delà des Bavira est le lieu à partir duquel les ancêtres emportent des moyens qui servent à procurer le bonheur aux vivants dans la mesure où ces derniers sont en contacts avec eux. Nous comprenons ainsi pourquoi le profane et le sacré s'imbriquent dans la vie quotidienne des Bavira. Ainsi donc, il n'y a pas de finalité en dehors de l'être humain. Autrement dit, le Muvira professe un anthropocentrisme pur et simple.

3.2. Quels sont les points convergents et divergents ?

Après avoir examiné la question de la finalité dans la vie traditionnelle des Bavira; relevons maintenant les éléments convergents et divergents entre l'au-delà chez les Bavira et l'eschatologie chrétienne.

Le point convergent essentiel est la croyance en une vie après la mort qui constitue une confession de foi dans l'eschatologie chrétienne. Celle-ci intéresse le Muvira, parce que, pour lui aussi, il existe une continuité de vie après la mort. Pour bénéficier une vie après la mort, les deux conceptions préconisent une manière de vivre. Les Bavira prônent l'union vitale pour garantir la continuité de leur vie après la mort. L'union vitale, expression chère au théologien congolais V. Mulago (1924-2012)[99], désigne le genre de relation qui existe entre les vivants, et puis, entre les vivants avec les ancêtres. En d'autres termes, c'est une manière de rester vivant dans la mémoire de ses descendants. Et le théologien, le professeur A. Ramazani Bishwende explique son fonctionnement en ces termes : « L'union vitale fonctionne comme un courant vital qui circule dans toutes les veines des ascendants depuis l'ancêtre fondateur aux descendants (enfant de l'âge zéro) et des descendants aux ascendants, des ascendants aux collatéraux, passant ainsi par le circuit vital des cousins, cousines, tantes, oncles, grands-parents, parents, enfants, petits-enfants, etc.[100] » Du côté de l'eschatologie chrétienne, notre analyse a développé différentes tendances de comportements que voici : Vatican II préconise la communion des saints (Cf. *LG* n° 49). Il affirme que « l'union des frères dans le Christ n'est pas interrompue par la mort mais, au contraire, selon la foi constante de l'Église, cette union est renforcée par l'échange des biens spirituels[101]. » Pour Bultmann, ce qui est important dans la foi, c'est le présent. C'est-à-dire que la foi est une réalité d'aujourd'hui, est une décision personnelle, je dois m'engager *hic et nunc,* je dois prendre une décision existentielle. Nous connaissons Dieu dans la mesure où il vient vers nous, nous parle, nous interpelle et nous met en question. Le croyant ne peut parler que de

---

[99] Cf. Mulago V., *Un visage africain du christianisme. L'union vitale Bantu face à l'unité vitale ecclésiale*, Paris, Présence Africaine, 1965, p.221.

[100] Ramazani Bishwende A., *Église-famille de Dieu dans la mondialisation. Théologie d'une nouvelle voie africaine d'évangélisation*, Paris, L'Harmattan, 2006, p.178.

[101] Préaux P., Regard sur l'eschatologie du Concile Vatican II, p.6. httsps://www.communautesaintmartin.org/wp-content/uploads/2017/01/

son expérience de Dieu[102]. Pour Moltmann, la tension vers l'avenir est un aspect constitutif de la foi chrétienne. Cette dernière est donc orientée vers le futur. Ceci implique l'espérance. Il faut donc espérer pour un vrai avenir. Dieu est le Dieu d'espérance; nous ne le possédons pas tout à fait; nous devons donc l'attendre dans l'avenir. Ceci va se réaliser parce que Dieu est promesse. En effet, Dieu conduit son peuple vers un but. L'histoire est alors le cadre de la promesse et le fondement de l'espérance. Une telle espérance permet aux chrétiens de vivre dans un monde plein de possibilités en vue de leur engagement concret.

Un autre point convergent de deux conceptions, est la profession anthropocentrique, c'est-à-dire que les deux conceptions prennent en compte l'homme. Autrement dit, l'homme est au centre de toutes les préoccupations de l'existence humaine. Ainsi, le travail et le progrès humain sont des valeurs eschatologiques. Nous l'avons vu dans les documents du Vatican II, particulièrement dans *Gaudium et Spes* qui explique : « [...] L'attente de la nouvelle terre, loin d'affaiblir en nous le souci de cultiver cette terre, doit plutôt le réveiller. [...] C'est pourquoi, s'il faut soigneusement distinguer le progrès terrestre de la croissance du règne du Christ, ce progrès a cependant beaucoup d'importance pour le royaume de Dieu, dans la mesure où il peut contribuer à une meilleure organisation de la société humaine (GS n° 39§2). » Bultmann, quant à lui, a centré la foi autour du présent. Ainsi, le salut concerne exclusivement la personne et l'individu. Toutefois, Bultmann écarte le monde de sa réflexion, car il n'intéresse pas la foi. Les problèmes majeurs des êtres humains (la misère, le sous-développement, le chômage, la pollution, les maladies, les guerres, etc.) n'ont pas de dimension spirituelle, c'est la science qui doit s'en occuper et non pas la foi. Pour Moltmann, l'espérance appel l'homme à s'engager concrètement. L'intervention de Dieu se fait à travers l'homme, dans le concret et la complexité de la situation de sa vie sociale.

La foi en la vie après la mort professe en outre la solidarité entre les vivants et les morts que nous retrouvons dans la conception de l'au-delà des Bavira comme dans la doctrine chrétienne de l'eschatologie (cf. *L.G.*49 : La communion des saints). L'individualisme et le dualisme âme-corps n'ont plus droit de cité, car le salut n'intéresse pas l'individu avec son âme, mais il intéresse toute la communauté. Les vivants et les morts forment une seule et même communauté d'échange et de partage. La mort elle-même est prise en charge par la communauté. Ainsi, en vertu de cette solidarité, la mort n'est plus source d'angoisse, « ce sont les vivants qui parlent de la mort, et lui donnent un sens. L'homme accompli est celui dont on continue à parler après la mort, celui dont sa communauté fait mémoire et qui continue à faire vivre, l'activité des vivants tirant sa légitimité de l'autorité des morts[103]. »

Le point divergent est que l'au-delà des Bavira ne correspond pas au ciel chrétien. En effet, la pensée vira n'est pas ouverte sur la résurrection des morts. En fait, le Muvira croit à l'immortalité de l'âme comme je viens de le relevé ci-dessus. Tandis que le chrétien croit en plus de cela, il croit à la résurrection des corps (cf. 1Co 15). Cette croyance affirme que la

[102]Cf. Gounelle A., Existentialisme et théologie,www.andregounelle.fr/vocabulaire-theologique/existenlisme-e-theologie.php

[103] Messi Metogo E., « Le salut vu d'Afrique », dans *La vie Spirituelle*, 665, t.139, (1985), p.301.

vie éternelle vient d'un acte de Dieu. C'est Dieu qui a donné la vie naturelle et il donne la vie éternelle. Elle souligne aussi le caractère personnel et individuel de la vie éternelle. Notre corps fait de nous un être distinct des autres, séparé d'eux. C'est pourquoi, Jésus Christ doit être au centre de toute croyance. Car par sa mort et sa résurrection, Jésus Christ a inauguré le monde nouveau qui s'accomplira à la fin des temps lors de son retour glorieux. Toutefois, l'attitude de l'homme vis-à-vis du rôle du Christ dans les différentes approches eschatologiques reste un sujet à caution. Par exemple chez Bultmann, il n'y a pas une eschatologie cosmique. Son accent est centré sur l'interprétation du présent. Ainsi la révélation de Dieu devient une manifestation, non pas apocalypsis, mais epiphania. Pour Moltmann, l'accent est porté sur l'élément à venir, futur toutefois bien ancré dans l'histoire. Tantôt, l'environnement de l'homme est pris en compte dans le développement eschatologique, tantôt seule sa relation intime avec le Christ fait advenir le royaume de Dieu.

CONCLUSION

Puis-je conclure un tel sujet? En effet, tant que les êtres humains vivront ici-bas, le problème de la destinée de l'homme se posera toujours avec acuité.

Ma préoccupation durant cette étude était de savoir si les Bavira, devenant chrétiens, devront-ils renoncer à leur croyance en l'au-delà au profit de la croyance en l'eschatologie chrétienne? Pour le confirmer ou l'infirmer, j'ai cherché à savoir ce qu'est l'au-delà chez les Bavira et l'eschatologie chrétienne.

La connaissance de l'au-delà chez les Bavira m'a amené à décrire deux éléments : le premier élément a concerné la compréhension du phénomène de la mort. À partir de l'expérience vécue, la mort s'est avérée inéluctable à la suite de différentes causes qui la provoquent. Mais celle-ci n'est pas la fin de tout, car la vie du défunt continue après ce monde-ci. C'est pourquoi, ce dernier est accompagné soigneusement par des rites funéraires pour qu'il puisse accomplir un heureux voyage, et qu'il soit accueilli dans le monde de l'au-delà. Le second élément a montré comment se réalise la relation entre le monde d'ici-bas et de l'au-delà. Le défunt qui est parti dans le monde de l'au-delà et devenu esprit, a besoin de rester en contact avec les vivants pour qu'il ne soit pas oublié et parvenir ainsi à la mort définitive ou eschatologique. Ces derniers ont à leur tour besoin du défunt pour bénéficier de sa protection contre tous ceux qui peuvent mettre en danger leur vie. Cette relation s'accompli donc par la pratique du culte des esprits selon différentes liturgies.

Après avoir scruté l'au-delà chez les Bavira, j'ai exposé la doctrine chrétienne de l'eschatologie afin de posséder des éléments qui me permettront de comparer les deux conceptions. Puisque l'eschatologie qui étudie les fins dernières de l'homme et de l'univers est un domaine trop vaste, j'ai restreint mon étude : Je me suis d'abord penché sur ce que dit la Bible au sujet de l'eschatologie, car celle-ci y trouve son fondement. L'Ancien Testament a présenté différentes situations qu'a traversées Israël dans la compréhension de l'avenir. Le Nouveau Testament, quant à lui, nous a présenté à travers ses différents écrits, comment l'eschatologie va se réaliser comme un message à la fin de temps. Grâce à ces données scripturaires, la doctrine eschatologique se renouvelle à travers différentes approches théologiques. C'est pourquoi j'ai présenté, dans cette étude, la conception eschatologique développée dans les textes de Vatican II et chez les théologiens protestants : Bultmann et Moltmann. Bien qu'il y ait divers types d'eschatologie, l'élément convergent de la doctrine chrétienne de l'eschatologique est sa dimension christologique. Le centre et la fin de toute l'histoire humaine se trouve en Jésus Christ.

Les données de l'au-delà chez les Bavira et de la doctrine chrétienne de l'eschatologie m'ont amené à confronter les deux conceptions. Cette approche comparative a montré qu'il y a des convergences et des profondes divergences dans les deux conceptions. Par exemple, les deux conceptions professent la croyance de la vie après la mort que nous pouvons rapprocher. Toutefois, nous avons perçu des profondes divergences quant au fondement de cette croyance. L'eschatologie chrétienne est christologique, tandis que la conception de l'au-delà chez les Bavira est anthropologique.

Les résultats obtenus dans cette étude m'invitent à prendre position concernant ma préoccupation du départ : Les Bavira devenant chrétiens, doivent-ils renoncer à leur tradition de l'au-delà au profit de l'eschatologie chrétienne? Comme je l'ai souligné, les Bavira croient en la vie après la mort, même si leur bonheur se trouve dans ce monde-ci. Pour bénéficier la continuité de la vie après la mort, chacun s'y prépare en menant une vie fondée sur l'union vitale. Car, à travers ses descendants, on est sûr d'être accompagné par les rites funéraires qui procurent la territorialité dans l'au-delà. Bien que les Bavira aspirent à un monde de l'au-delà après leur vie ici-bas, leur grand souci, c'est obtenir le bonheur terrestre. Pour eux, il n'y a pas de vie meilleure après la mort, tout se joue ici-bas. Tout ce qu'ils réalisent pour leurs défunts, ils le font pour bénéficier des trépassés devenus ancêtres de leurs largesses, afin de vivre pleinement leur vie ici sur terre.

Quant aux Bavira qui se sont engagés dans la vie chrétienne, ils doivent éviter que cet anthropocentrisme que professe leur tradition ne leur fasse des hommes pratiques soucieux de posséder seulement le bonheur terrestre, et de rester seulement attentifs à tout ce qui pourrait leur permettre de l'assumer[104]. Désormais, ils doivent professer la foi en Jésus Christ, car c'est seulement en Jésus Christ mort et ressuscité que le salut est offert à l'homme une fois pour toute. Comme l'a souligné Moltmann, la foi en la résurrection est la pierre de touche de la foi chrétienne. Cette résurrection a eu lieu en Jésus Christ dont la signification pour notre monde est la fin du commencement. C'est-à-dire que la résurrection de Jésus Christ a inauguré le commencement d'un monde nouveau.

En définitive, toute eschatologie anthropologique digne, fut-elle des Bavira, doit être christologique[105]. Le chrétien vira est appelé à inventorier et à repenser le donné conceptuel de sa pensée, afin de la confronter avec l'anthropologie chrétienne à la lumière du Christ[106]. C'est celui qui est à même de prendre en compte et en charge les croyances de la culture des Bavira. En reconnaissant que c'est le Christ qui accomplit les valeurs traditionnelles des Bavira; les conséquences de cette donnée de la foi sont décisives pour les Bavira croyants. Elle implique que la solidarité et la communauté dans la même destinée humaine ne peuvent se réduire à des relations tribales. Ces relations éclatent donc devant la solidarité universelle apportée par le Christ.

---

[104] Messi Metogo E., « Quelle vie Jésus apporte-t-il aux Africains? », dans Dore J. (dir.), *Pâques Africaines d'aujourd'hui*, Paris, Desclée, 1982, p.12.

[105] Cf. Cullmann O., *Christ et le Temps. Temps et Histoires dans le christianisme primitif*, Paris, Neuchâtel, 1957, p.50.

[106] Cf. Kahegezo K., *Quête d'un langage chrétien vira à partir des seuils. Héritage et Christ-Ancêtre*, (Mémoire présenté à la Faculté de théologie catholique de Kinshasa pour l'obtention du grade de Bachelier, inédit), 1987-1988.

BIBLIOGRAPHIE

XXX, *Catéchisme de l'Église catholique*, Mame/Plon, Paris, 1992.

AUGUSTIN G., « Le jugement de Dieu. Essai d'interprétation d'un thème eschatologique », dans *Concilium,* 41 (1969), p.13-23.

AUGUSTIN RAMAZANI BISHWENDE & DI-KURUBA DIEUDONNÉ MUHINDUKA (DIR.), *Les Bavira du Sud-Kivu (RDC). Histoire, culture et renaissance d'un peuple bantou*, Paris, L'Harmattan, 2018.

BAHILO R., « Croyances religieuses traditionnelles Bantu : Cas de « Leza » (Dieu) et ses Suppôts « Bifwa » chez les Bavira. » Mémoire de fin de cycle de philosophie, Bukavu, Cibanda-Mpungwe, 1985-1986.

BIEBUCK D., *Lega culture, Art, Initiation, and Moral Philosophy among a Central African People,* London, Univ. Of California Press, 1973.

COLLECTIF, *La notion de Personne en Afrique Noire*, Paris, C.N.R.S., 1971.

COLLECTIF, *Les religions africaines comme source de valeur de civilisation*, Colloque de Cotonou (16-22 août 1970), Paris, Présence Africaine, 1972.

CULLMANN O., *Christ et le Temps. Temps et Histoire dans le christianisme primitif*, Paris, Neuchâtel, 1957.

DORE J. (DIR.), *Chemin de la christologie africaine*, Paris, Desclée, 1986.

DORE J., (DIR.), *Pâques Africaines d'Aujourd'hui*, Paris, Desclée, 1989.

DUQUOC CH., « Un ciel sur terre? », dans *Concilium,* 143 (1979), p.105-114.

DUMEIGGE G., *La foi catholique*, Textes doctrinaux du Magistère de l'Église sur la foi catholique, traduction et présentation de DUMEIGGE G., Paris, Éditions de l'Orante, 1975.

FERNAND H (ÉD.), *Dictionnaire des civilisations africaines*, Paris, 1968.

GISEL P., « Création et eschatologie », dans *Initiation à la pratique de la théologie*, t. III, (publié sous la direction de B. LAURET et F. REFOULÉ), Paris, Cerf, 1983, p.615-722.

GRELIN A., « Jours de Yahvé et jour de Yahvé », dans *Lumière et Vie*, 11 (1953), p.40-52.

GRELOT D., *L'espérance juive à l'heure de Jésus*, (col. Jésus et Jésus-Christ), Paris, Desclée, 1978.

GOUNELLE A., « Existentialisme et théologie »,www.andregounelle.fr/vocabulaire-theologique/existenlisme-e-theologie.php

GOUNELLE A. & VOUGA F., *Après la mort, qu'y a-t-il ? Les discours chrétiens sur l'au-delà*, Paris, Cerf, 1990.

KAHEGEZO K., « Quête d'un langage chrétien vira à partir des seuils. Héritage et Christ-Ancêtre » Mémoire présenté à la Faculté de théologie catholique de Kinshasa pour l'obtention du grade de Bachelier, 1987-1988.

LACOSTE J.-Y., *Dictionnaire Critique de Théologie*, Paris, P.U.F., 2007.

LAFFOUCRIÈRE O., « Bultmann et l'histoire » dans *Revue d'Histoire et de Philosophie religieuses* 38-3 (1958), p.219-231.
https://www.persee.fr/doc/rhpr_0035-2403_1958_num_38_3_3543

LÉON-DUFOUR X., *Dictionnaire du Nouveau Testament.* Deuxième édition revue, Paris, Éditions du Seuil, 1975.

LOHFINK N., *Sciences bibliques en marches chap. VII : l'eschatologie dans l'Ancien Testament* (Traduit de l'allemand par Hervé Savon), Paris, Casterman, 1969.

LOHSE E., *Théologie du Nouveau Testament* (Traduit de l'allemand par P. JUNDT), Genève, Labor et Fides, 1987.

LUNEAU R., « Que disent de l'au-delà les traditions africaines? », dans *Concilium,* 143 (1979), p. 29-92.

MATUNGULU O, *Être avec pour vivre vrai*, Lubumbashi, St. Paul, 1981.

MBITI J., *Religions et Philosophie africaines*, (traduit de l'anglais par C. le FORT), Yaoundé, Clé, 1972.

MESSI METOGO E., « Le salut vu d'Afrique », dans *La Vie Spirituelle*, 665, t.139 (1989), p.295-301.

MICHEL M., « Le retour de l'eschatologie dans la théologie contemporaine », dans *Revue des sciences religieuses*, 58-1-3 (1984), p.180-195. https://www.persee.fr/doc/rscir_0035_2217_1984_num_58_1_3006

MILET J., « Le jugement de Dieu, mythe ou réalité », dans *Esprit et Vie*, 29 (1988), p.417.

MOELLER A., *Les grandes lignes des migrations des Bantous de la province orientale du Congo Belge*, Bruxelles, A.C.R.B., 1936.

MOLTMANN J., *Théologie de l'espérance. Études sur les fondements et les conséquences d'une eschatologie chrétienne,* trad. de l'allemand par Françoise et Jean-Pierre THÉVENAZ, Paris, Cerf-Mame, 1976.

MULLER-GOLDKOHLE P., « Les infléchissements post-bibliques dans l'évolution historique de la pensée eschatologique », dans *Concilium,* 41 (1969), p.24.

MUJYNYA E., « Le mystère de la mort dans le monde bantu », dans *C.R.A.*, 5 t. 3 (1969), p. 25-35.

MUJYNYA E., « Le mystère de la mort dans le monde bantu. Le sort de l'homme dans l'au-delà », dans *C.R.A.*, 6 t. 3 (1969), p.199-208.

MUJYNYA E., *L'Homme dans l'univers des Bantu*, Kinshasa, P.U.Z., 1978.

MULAGO V., *Un visage africain du christianisme. L'union vitale bantu face à l'unité vitale ecclésiale*, Paris, Présence Africaine, 1965.

MULAGO V., *La religion traditionnelle des Bantu et leur vision du monde*, Kinshasa, P.U.Z., 1973.

NGINDU M., *Les thèmes majeurs de la théologie africaine*, Paris, L'Harmattan, 1989.

NOTHOMB D., « La conception de l'au-delà dans le Rwanda pré-chrétien », dans *B.V.C.* 48 (1962), p.70-86.

NOTHOMB B., *Un humanisme africain*, Bruxelles, Lumen Vitae, 1969.

NTENDIKA J., *L'Évocation de l'au-delà dans la prière pour les morts. Étude de la patristique et de la liturgie latines (IVème -VIIIème siècles)*, Louvain, Éd. Nauwelaerts, 1971.

PENOUKOU E., « Eschatologie en terre africaine », dans *Lumière et Vie*, 159, t. XXXI, (1982), p.75-88.

PRÉAUX P., « Regard sur l'eschatologie du Concile Vatican II » : https://www.communautesaintmartin.org/wp-content/uploads/2017/01/SPES-CHRISTI-URGET-NOS-REGARD-SUR-L'ESCHATOLOGIE

RAMAZANI BISHWENDE A., *Église-famille de Dieu dans la mondialisation. Théologie d'une nouvelle voie africaine d'évangélisation*, Paris, L'Harmattan, 2006.

REY B., « Que dire sur l'Au-delà? », *P.D.*, 1249 (1987), p.11-20.

RUDOL B: https://fr.abcdef.wiki/wiki/Rudolf_Bultmann

RUDOLF Bultmann, ou le souci de l'existence croyante : https://www.evangile-et-liberte.net/2017/03/rudolf-bultmann-ou-le-souci-de-lexistence-croyante/

SACRÉE CONGRÉGATION POUR LA DOCTRINE DE LA FOI, « Lettre sur quelques questions concernant l'eschatologie », dans *D.C.*, 1769, t. LXXVI, (1979), P.708-710.

SCHLOSSER J., « Le règne de Dieu, présent et avenir dans la prédication de Jésus », dans *R.D.C.,* 3 t. XXXIII, (1983), p.201-213.

THOMAS L.V., *Anthropologie de la mort*, Paris, Payot, 1975.

THOMAS L.V. & LUNEAU R., *Les religions d'Afrique Noire*, Paris, Payot, 1978.

THOMAS L.V. & LUNEAU R., *La terre africaine et ses religions. Traditions et changements*, Paris, Larousse, 1975.

TOMKO J., « Défis missionnaire à la théologie du salut », dans *OmnisTerra*, 248 (1988), p.541.

TSHIBANGU T., « Eschatologie et cosmologie », dans *Concilium*, 186 (1983), p.53.

VATICAN II, *Les seize documents conciliaires*. Texte intégral. Ouvrage publié sous la direction du R.P. Paul-Aimé Martin, C.S.C., 2ème édition revue et corrigée, Montréal & Paris, Fides, 1967.

VERHAEGEN B., *Rébellions au Congo*, t. I, Bruxelles, C.R.I.S.P., 1966.

VON RAD G., *Théologie de l'Ancien Testament,* Genève, Labor et Fides, vol. I, 1963; vol. II., 1967.

WEIS G., *Le pays d'Uvira. Études géographiques régionales sur la bordure occidentale du lac Tanganika*, Bruxelles, J. Duculot, 1959.

ZAHAN D., « Essai sur les mythes africains d'origine de la mort », dans *L'Homme*, 4 t. IX (1969), p.41-50.

TABLE DES MATIÈRES

Printed by Books on Demand GmbH, Norderstedt / Germany